吸金
商业计划书

这么写，更能打动投资人

张 嶂　马广印◎著

中国经济出版社
CHINA ECONOMIC PUBLISHING HOUSE

·北京·

图书在版编目（CIP）数据

吸金商业计划书：这么写，更能打动投资人：全彩图解版 / 张嶂，马广印著. -- 北京：中国经济出版社，2021.3

ISBN 978-7-5136-6357-1

Ⅰ. ①吸… Ⅱ. ①张… ②马… Ⅲ. ①商业计划 – 文书 – 写作 Ⅳ. ①F712.1

中国版本图书馆CIP数据核字（2020）第185557号

责任编辑	李　丰　海　毅
责任印制	巢新强
封面设计	书装 BOOK DESIGN STUDIO

出版发行	中国经济出版社
印　刷　者	河北鲁汇荣彩印刷有限公司
经　销　者	各地新华书店
开　　本	880mm×1230mm　1/32
印　　张	7
字　　数	132 千字
版　　次	2021 年 3 月第 1 版
印　　次	2021 年 3 月第 1 次
定　　价	78 元

广告经营许可证　京西工商广字第 8179 号

中国经济出版社　网址 www.economyph.com　社址 北京市东城区安定门外大街 58 号　邮编 1000
本版图书如存在印装质量问题，请与本社发行中心联系调换（联系电话：010-57512564）

版权所有　盗版必究（举报电话：010-57512600）
国家版权局反盗版举报中心（举报电话：12390）　　　服务热线：010-57512564

前言
foreword

对于创业者来说，商业计划书是一张递给投资人的名片。通过商业计划书，投资人可以看到创业者操盘项目的商业价值，以及可期的投资前景。

一份好的商业计划书，不是向投资人夸大项目的商业价值，因为投资人每天不知道要看多少份商业计划书，早已练就火眼金睛。许多创业者将商业计划书看成是一种投资项目的华丽包装，这种想法只会让商业计划书失去本来的价值，成为一叠华而不实的废纸，让投资人丢进垃圾桶。

一份优秀的商业计划书要达到什么样的目的呢？这个问题回答起来也不难，那就是放弃华而不实的辞藻，用最贴切的语言让投资者知道：我要干什么，怎么干，前景如何，会给投资人带来多少回报，这些回报如何兑现。

总的来说，就是投资人想知道什么，你的商业计划书就如实地呈现什么。投资人是要真金白银投入的，当然有权知道投进去的钱怎么花，投资你的项目能赚多少，什么时候能安全地把钱收回来。把这三个问题在商业计划书里讲清楚了，投资人再结合自身的投资计划综合考量，可以相信，钱离你就不太远了。

许多创业者撰写的商业计划书，内容不是一顿"忽悠"，就是写得生搬硬套没法看，没逻辑、没层次、重点不突出，丝毫无法引起投资人的兴趣。投资人对你的商业计划书不感兴趣，会爽快地给公司账上打钱吗？不可能！

那么，商业计划书究竟应该怎么写？本书从商业计划书的撰写原则、团队运营、商业模式、营销计划、财务计划、资本退出、市场分析等方面，告诉你如何写一份商业计划书，让投资人会看，会被打动，让你在融资的过程中马到成功。

笔者在本书里绘制了大量的随文图表，用形象化的图表代替了抽象化的知识描述，对相对枯燥的知识进行了深入细致的讲解，让读者更直观、更深刻地领悟商业计划书的撰写精髓，在实践中完成一份优秀的吸金商业计划书。

目录

第 1 章 商业计划书：快速吸引并打动投资人

1.1 什么是商业计划书……003
1.2 商业计划书的重要性……008
1.3 类型多样的商业计划书……013
1.4 商业计划书都包含哪些要素……018
1.5 制作商业计划书前需要了解哪些知识……024
1.6 商业计划书的撰写流程……031

第 2 章 撰写原则：从投资人的角度出发

2.1 撰写商业计划书要学会换位思考……039
2.2 商业计划书的内容要有针对性……044
2.3 商业计划书要将自己的优势写出来……049
2.4 让投资人看到你的商业计划书……056
2.5 给投资人讲个好故事……061

第 3 章　公司团队：告诉投资人你们是最棒的

3.1　明确公司的宗旨和目标 ·· 069
3.2　公司有清晰的组织结构 ·· 073
3.3　部门及重要岗位的职责介绍 ··· 080
3.4　清晰严谨的股权划分 ·· 085

第 4 章　商业模式：告诉投资人你们靠什么赚钱

4.1　商业模式的详细阐述 ·· 091
4.2　产品服务的准确定位 ·· 096
4.3　新产品的创意开发 ··· 101
4.4　现有产品的研发升级 ·· 105
4.5　提升产品的竞争力 ··· 109

第 5 章　营销计划：告诉投资人你们用什么办法赚钱

5.1　成熟有效的营销方案 ·· 117
5.2　行之有效的产品策略 ·· 122
5.3　灵活多变的价格策略 ·· 128
5.4　稳健高效的渠道布局 ·· 133
5.5　高效创新的促销手段 ·· 137

第 6 章　财务计划：告诉投资人你们靠什么盈利

6.1　合理可行的财务计划…………………………145

6.2　公司运营的财务预测…………………………150

6.3　财务计划的制订和实施………………………155

6.4　企业盈亏分析…………………………………160

6.5　投资人收益分析………………………………165

第 7 章　资本退出：让投资人能够进得来更能出得去

7.1　资本退出的主要内容…………………………173

7.2　风险控制和资本退出的理论依据……………178

7.3　资本退出的方式………………………………182

7.4　资本退出需要注意的问题……………………187

第 8 章　市场分析：与投资人形成共鸣

8.1　市场分析的主要内容…………………………193

8.2　所处行业的成功因素…………………………198

8.3　市场需求的细分与定位………………………203

8.4　市场竞争现状分析……………………………208

8.5　经典市场分析法………………………………212

第1章

商业计划书：快速吸引并打动投资人

> 商业计划书是开启风险投资人对企业投资的钥匙。一份内容全面、通俗易懂的商业计划书，可以让投资人认识创业企业，并作出最终投资的决定。所以，商业计划书应该在专业人士的指导下，结合企业内部实际情况去撰写，以吸引投资人，打动投资人。

1.1 什么是商业计划书

商业计划书是书面材料，是企业向投资人或交易对象对未来的发展做出的规划。公司商业计划书做得好，就可以促成交易、拿到融资，进而达到招商融资或者是其他的发展目标。做出一份完美的商业计划书对于企业的进一步发展是非常关键的。

商业计划书呈现的是一个周祥的项目计划。它有着固定的格式，内容涵盖也比较广泛，几乎囊括了投资人感兴趣的内容，以便其对企业做出评判，从而决定是否将资金投入到该项目中。

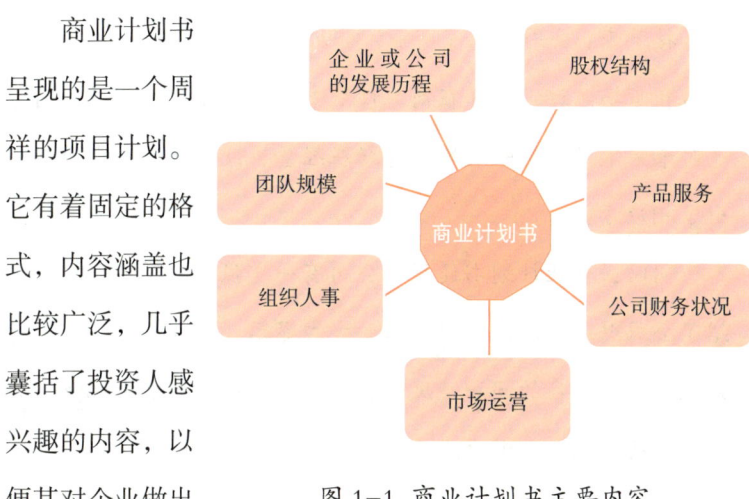

图1-1 商业计划书主要内容

通常来说，商业计划书主要内容包括如图1-1所示几个方面。

> **案例**

　　北京某公司想要加快迈进周边城郊的步伐，通过编写商业计划书诚邀投资人加盟。公司商业计划书中首先介绍了企业理念与特征，接着表明了公司的商机和战略，指出目标市场与预测年营业额；公司相关责任人还在商业计划书中说明企业的竞争优势，以及企业团队所具备的实力。商业计划书中清晰的介绍让加盟者对公司有了初步的了解。

　　接下来，公司介绍了行业、企业和产品，以及服务。之前，公司在市场做过调研并在商业计划书中做了相应的分析，同时还对未来做了完美的规划，包括在经营、设计和开发方面都给出了相应方案。

　　同时，商业计划书还强调公司有一支强大的管理团队，介绍了公司财务状况，并以表格的方式显示，让人一目了然。对未来发展中存在的问题及风险，公司在商业计划书中也做了假设，并给出相应的解决方案。

　　一位在当地非常有名的投资人看过这份商业计划书后，产生很大的兴趣。随后他对这家公司进行了进一步的了解，毅然决然成为该公司的投资人。

在上述案例中，商业计划书内容还包括了商机和战略，目标市场与年营业额预测，等等。公司和企业想要吸引投资人的目光，让其产生浓厚的兴趣，商业计划书就要做到尽可能完美，内容详细真实、体系完整、数据丰富多样、装帧精美，否则招商融资计划很容易就会落空。没有人会将资金投放给一个根本不熟悉或者是看不到发展前景的企业。由此可见，商业计划书对一个企业的发展至关重要。另外，商业计划书也是企业管理的一个重要工具，集沟通、管理、承诺多重任务于一身，如图1-2所示。

沟通	·让投资人、员工和合作伙伴之间进行有效交流，体现企业价值所在。 ·让企业利益者看到企业未来的盈利潜力和空间，放心投资。 ·提出企业发展中存在的隐患，提前做好预案措施
管理	·凝聚团队力量，为企业管理者制定工作规划，为企业员工的工作指明方向。 ·引导企业正确发展，省时、省力、省资源
承诺	·企业管理者通过商业计划书对员工做出承诺，让员工对公司充满信心。 ·企业通过商业计划书吸引投资人，开展融资，并做出相应承诺

图1-2 商业计划书的多重任务

正因为商业计划书有如此多的用途,所以无论是企业家还是创业者都需要作好商业计划书,认明确企业规划,更好地招商引资,促进企业发展。

> 对企业家而言,商业计划书是企业家商业计划的具体呈现,进而让企业一步一步实现计划

> 对投资人而言,商业计划书能让投资人看到推动企业迅速发展的时机,以进行投资

一份完美的商业计划书是企业融资的关键,也是企业发展的指导性文件。之所以很多企业的融资成功率不高,并不是项目本身没有好的发展前景,或者是没有较大的投资回报率,而是在商业计划书上出了问题。项目方在制订商业计划书时,并没有倾注太多的心思,草率应付,其结果导致投资人看不到美好的发展前景,进而失望,致使其对投资的兴趣转向其他的项目或者企业。这种情况对于融资企业来说是致命的,因为资金上的匮乏会制约整体项目的运作。一份商业计划书很可能会导致融资失败,项目无法运作。

因此商业计划书应该引起企业的高度重视。相关管理者在拟定商业计划书时,一定要对行业内市场进行充分的研究,结合企业本身的发展状况勾勒出企业发展蓝图。另外商业计划书

在措辞上也要准确精炼，避免产生歧义或表达错误，影响整体的融资效果。好的商业计划书要语言简洁、明了，易操作，内容详细、具体、客观、完整、流畅，只有做到这些，商业计划书才能吸引更多的投资人，为企业迎来更多的发展商机。

1.2 商业计划书的重要性

企业项目在运作过程中往往需要大量的资金注入，企业无法独立完成时，就需要招商引资。那么如何吸引投资人拿出钱来呢？通常来说，投资人一定会把钱投在一个有投资前景的项目上，而这种前景就需要企业通过商业计划书来为投资人呈现。因此，对于企业来说，商业计划书就成了赢得资金的主要方式，它对企业发展起到至关重要的作用，如图1-3所示为企业赢得资金的主要方式示意图。

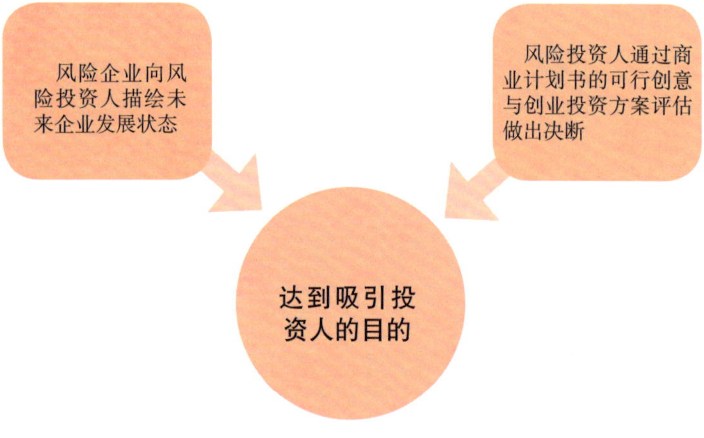

风险企业向风险投资人描绘未来企业发展状态

风险投资人通过商业计划书的可行创意与创业投资方案评估做出决断

达到吸引投资人的目的

图1-3　企业赢得资金的主要方式

商业计划书对投资人的重要性如图1-4所示。

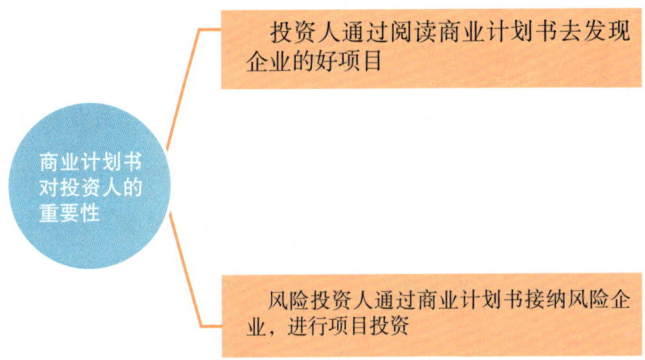

图1-4 商业计划书对投资人的重要性

商业计划书可以帮助企业者招商引资，扩大规模，以实现宏伟目标。每个投资人在投资前都非常谨慎，他们会将每个项目都看成是风险项目，同样也会将自己要投资的企业看成是风险企业。这时，商业计划书就可以促进企业将自己成功地推销给投资人。

> 案例

2016年，一家电商公司创始人武某想要寻求300万元的资金支持。武某经过长时间的探索，终于找到了一家有实力帮助自己的公司，但与对方进行了多次沟通之后，遭到对方的婉拒。武某虽然遭受挫折，但却不气馁，他觉得对方之所以不做自己的投资人，一定是有所顾虑。

武某为了消除这家私募公司负责人的顾虑，集合公司的团队力量，针对公司的商业计划书进行了修改。武某在商业计划书中分析了市场格局，展示了自己相比竞争对手存在的优势，清晰地指出了自己的产品和企业未来的财务状况。针对投资人考虑到的风险，武某也进行了估测，并做出了相应的准备措施。武某为让对方更加清晰地认识自己创办的电商公司，他在商业计划书中清晰地介绍了公司背景、创立、发展规划、组织结构、管理及理念等。

于是，当公司相关负责人看过武某递交的商业计划书后，非常感兴趣。

就这样，这份清晰、明了的商业计划书消除了公司负责人的顾虑，通过与公司相关负责人一致研究，武某的电商公司获得对方投资100万元。

2017年，武某不辱使命，以1000万元的纯利润回报投资人。

武某说："现在是电商发展的高峰期，我们要在未来几年里成为上市公司。这是我们接下来要奋斗的目标。"

对初创公司来说，一份完善的商业计划书能够让创业者清晰地看到创业路线。创业者可以通过商业计划书认清未来发展的方向，同时也可以更好地监控创业过程中的风险。商业计划书对创业者的重要性如图 1-5 所示。

商业计划书对创业者的重要性		
商业计划书让创业者的创业项目朝着正确的方向发展，并立足于竞争激烈的行业	商业计划书是创业项目后续的实施和调整的蓝本，有利于创业者对公司的实际情况进行合理评估	商业计划书为企业发展指明方向，以激励员工努力奋进

图 1-5　商业计划书对创业者的重要性

商业计划书清晰地记录着企业的相关资质，在撰写商业计划书之前，创业者必定会对公司资料进行整合。这样，创业者也会对自身有个清晰的认识，进而有助于增强信心。在此基础上，创业者才能够说服投资人。要知道，商业计划书是投资人认可的文字表明方式，而投资人的时间是宝贵的，如果创业者不能在商业计划书中清晰地表明自己的优势，那么即使项目再完美，投资人也不会了解，最后导致的结果就是将项目抱在手里出不去。

对于一个成熟的企业而言，商业计划书可以为其下一步的发展打好基础，还可以让企业员工了解企业，让员工明确自己的任务，团结一切可以团结的力量，为实现企业的宏伟蓝图共同努力。

由此可见，商业计划书对于一个企业有多么重要。一个企业，尤其是初创企业，不制订商业计划书，几乎寸步难行。

1.3 类型多样的商业计划书

创业者将已制作好的商业计划书提交给投资人,有的时候,投资人以委婉的口吻推脱;有的时候,他们也会直接拒绝。如此一来,商业计划书也就成为废纸,毫无用处,创业者投注的精力创作的成果到最后付诸东流。

这时,创业者就应该从自身找原因,而原因很可能就是因为所制作的商业计划书不符合投资人的口味。

创业者要想获得投资人的青睐,首先就要让投资人对自己所制订的商业计划书感兴趣。当创业者将商业计划书提交到投资人的手中时,切不可让对方读得一头雾水。创业者应该了解投资人喜欢看的商业计划书是以什么类型呈现的,这是使投资人对商业计划书感兴趣的关键。因此,创业者在制定商业计划书之前,要了解商业计划书的分类,如图1-6所示。

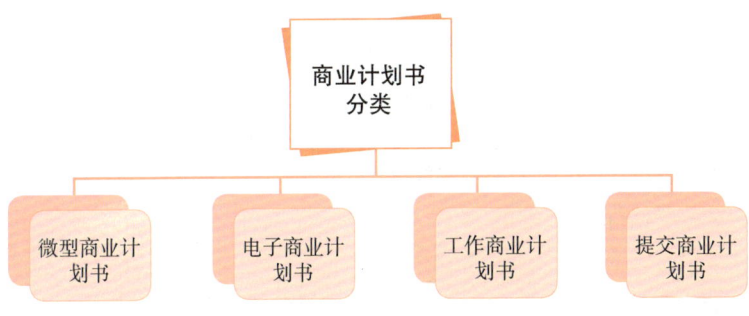

图1-6 商业计划书的分类

微型商业计划书对篇幅没有过多的要求,内容包括商业理念、需求、市场营销计划和财务报表等,而财务报表中要突出显示企业现金流动、收入预测和资产负债,以表格的形式显示会更为明显。微型计划书当中的商业理念基于某种微型计划。微型计划书具有以下特征,如图 1-7 所示。

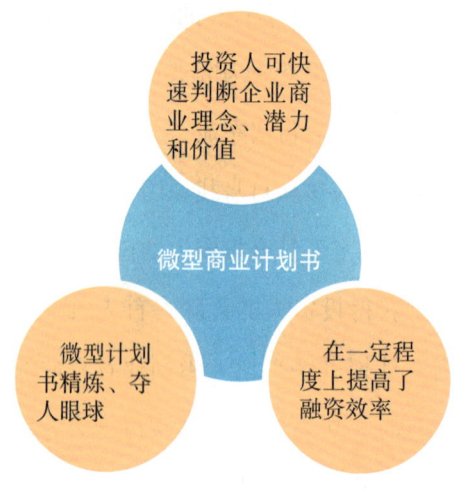

图 1-7 微型商业计划书的特征

电子商业计划书以电子版的形式展示,可以快速、直观、便捷地传送至投资人的手中。不过这种形式的商业计划书的制作成本虽然低廉,但却存在弊端。电子商业计划书方便复制,传播速度快,稍不留神就会泄露商业机密,因此,必须要求阅读者严格保密。

> 案例

某医疗设备有限公司需要生产一批先进的仪器,但却因为资金缺乏而迟迟没有投入人力、物力进行生产。正在这时,一家大型医疗销售公司打算为一家公司投资让其生产医疗设备。这家医疗设备有限公司的相关负责人得知这一消息后,开始让专业人士为自己公司制作一份详细的商业计划书。计划书制作出来之后,他打算将其打印、装订,然后亲自交到那家大型医疗销售公司的相关负责人手中。

当他去找那位负责人时,对方正在外地出差,双方经过电话沟通之后,对方表明还没有看过其他家的商业计划书。这时,该医疗设备有限公司的负责人感到是个机会,便和对方协商,说自己手中有电子版的商业计划书,希望对方可以腾出时间来看。对方同意了。

几天后,该医疗设备有限公司相关负责人就接到了对方的电话,对方在电话里表明已经看过了商业计划书,而且对他们即将投入生产的医疗设备非常感兴趣。对方还表示,他们有意向将资金投入到这家医疗设备有限公司。

工作商业计划书作为运作企业的工具,这种类型的商业计划书重在描述详尽内容,篇幅较长,语言简练。工作计划书主要为企业内部员工做指导性工作，所以，对于计划书的排版和装订没有过高的要求，但在事实和数据方面的要求是非常严格的。

提交商业计划书是给投资人提交的另一种类型的计划书，其具备工作计划书相同内容。这种类型的计划书与工作商业计划书相比较，在风格和语言的描述上存在一定的区别。除此之外，提交商业计划书应添加附加内容，附加内容需要详细地向投资人展示企业所面临的竞争和存在风险。

创业者知道了商业计划书的大致类型，接下来，还要将不同类型的计划书进行细分。在这之前，创业者还要了解投资人究竟喜欢以什么样的方式去看商业计划书。同样，创业者也应该考虑到投资人时间或精力问题：如果他们的时间充裕，创业者就可以提供一份详细的计划书；如果投资人仅有几分钟的时间，这时，创业者就应该提供一份精炼的商业计划书。

企业在为投资人提交商业计划书之前，对商业计划书的排版一定要结合实际情况。对商业计划书可以进行如图1-8所示分类。

WORD型商业计划书的内容完整、结构严谨，但却需要投资人耗用较长的时间去阅读。为此，创业者可以以精简纸张型（一页纸）或精益画布型商业计划书的形式展示，让投资人知道这份商业计划书的内容非常全面。PPT型和PDF型商业计划书制作出来，可方便投资人在计算机上阅读，也可以通过幻灯片这种方式了解企业情况，这种形式可以生动活泼地突出商业计划书的内容，而且也容易让投资人理解。

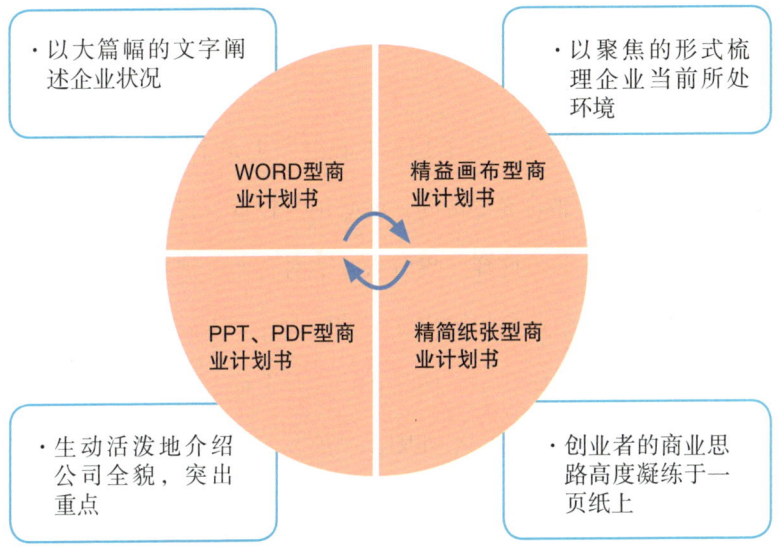

图1-8　商业计划书细分类型

相信在将来，创业者还会创新商业计划书的类型，以克服在为投资人呈现商业计划书时存在的弊端，以完美的方式向投资人介绍企业。

1.4　商业计划书都包含哪些要素

一份完美的商业计划书是企业在经营上走上成功的阶梯。如果企业需要外部的资金帮助，就必须为投资人提供一份夺人眼球的商业计划书。这样，投资人才能对企业的项目感兴趣，产生合作意向。企业要想写出完美的商业计划书，就应该知道商业计划书包含哪些要素，然后在此基础上锦上添花。

商业计划书包含的要素如图 1-9 所示。

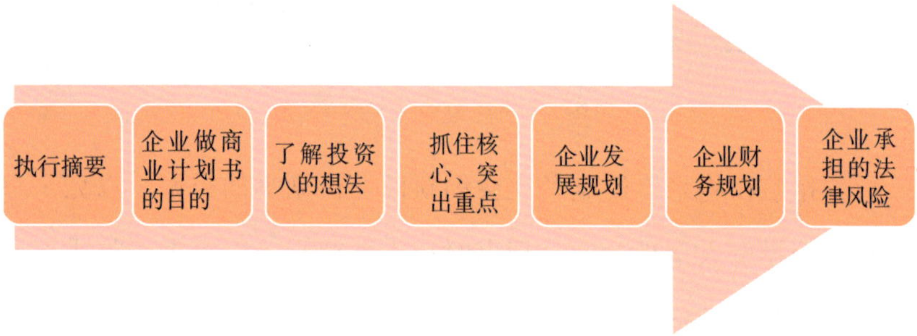

执行摘要　→　企业做商业计划书的目的　→　了解投资人的想法　→　抓住核心、突出重点　→　企业发展规划　→　企业财务规划　→　企业承担的法律风险

图 1-9　商业计划书包含要素

企业想要写出一份完美的商业计划书，首先应该提供执行摘要。执行摘要主要介绍整个商业计划书、公司历史、公

司现状，这一内容浓缩商业计划书之精华，是整个商业计划书的核心。除此之外，公司还要明白制作商业计划书的目的，知道目前公司是处于运营期间，还是真打算招商引资，抑或正在从事国际商务。无论企业正处于哪个阶段，要想正常运营、获得利润，制订一个长远的计划都是非常关键的。

如果公司正在运营时期，商业计划书就起到了指导性的作用，但如果想要发挥它的价值，就要适时地、不断地更新。企业需要资金的帮助时，就需要向投资人提供商业计划书，创业者还要保证能在商业计划书中加活页，这样就可以在适当的时候添加如公司当前的财务报表、最新价目表、近期的市场调查报告等。如果公司要招商引资，那么商业计划书就更必不可少了。这时，商业计划书中要说明公司当前的情况和未来的发展。如果创业者是新手，不能提供经营的历史记录，就要在商业计划书中添加自己所经营公司的信用记录和财务报告，以获得投资人的信任。如果创业者从事国际商务，商业计划书就可以作为标准，让投资人衡量创业者的经营模式是否具备竞争力，同时，也能让投资人看到创业者的潜力。

《孙子·谋功篇》强调："知己知彼，百战不殆。"企业务必了解投资人内心的真实想法，知道他们想要从商业计划书中得知哪些信息（这也是商业计划书的基本要素）。

一般而言，投资人想要从商业计划书中了解哪些信息呢？

大致有以下几点，如图 1-10 所示。

信用记录

· 创业者提供个人信用记录，以向投资人证明自己是好的借款对象

企业以什么作抵押

· 讲明企业资产，投资人可能会让创业者以房屋、定期存款单或其他投资作抵押，以消除投资的风险

还款计划

· 让投资人相信企业有能力实现他们的目标

产品或服务能够得到消费者青睐

· 企业提供有力证据，以证明产品或服务能受到目标市场欢迎

是否享有独特产权

· 这是企业在市场中的立足之本

是否有一支过硬的管理团队

· 描述企业主要团队成员

预测的真实可靠性

· 企业预测的统计数据和行业资讯要与实际情况相符

图 1-10　投资人要了解的商业计划书信息

> **营销计划可操作性的强度**
>
> ·制订的营销计划得到消费者的青睐,相应也就得到投资人的赏识

> **融资与退出策略**
>
> ·企业需要的风险投资,出让的股份,资金使用计划,投资人获得的回报及退出策略

图1-10 投资人要了解的商业计划书信息(续)

▶ 案例

一家内衣生产厂商想要通过实体店的运营方式将内衣销售出去,但却因手头没有资金而苦恼。该厂商经过一番思考,决定通过融资来实现这一目的。有一家公司对他们生产的内衣很感兴趣,也有投资的意向,但要求厂商提交一份商业计划书。

于是,内衣生产厂商将原来的商业计划书结合当前的实际情况进行了修改,提交给公司。

对方看过商业计划书后非常满意,尤其是对计划书中的营销计划非常满意。

商业计划书的营销计划确定将实体店开在当地繁华和人流量密集的地方,因为这里来来往往的年轻人较多,是消费主要人群,再加上这款内衣已经开始受大众喜欢,大部分人都知道这一款内衣。

投资人考虑到生产厂商所讲到的这个地方附近都没有内衣店，不存在竞争压力，于是决定和内衣生产厂商进行进一步洽谈。

创业者在写商业计划书时用语要精练，但涉及的内容要广泛，需要抓住核心内容，突出重点，让投资人一目了然。

创业者写商业计划书要集中注意力，找准侧重点。商业计划书的标题要新颖，每一段的开头要点明主要内容。要列出在写作过程中需要的证明文件，并提前预备资料，最后将资料汇总。

企业的商业计划书反映当前的财务状况，投资人可以依据这些数据来判断公司未来的经营状况，估算未来的财务收入状况，判断自己能否在预期内收获好的成果。商业计划书中的财务规划应按照正确的思路制订，写正文时要以收入和支出为依据；将财务预期目标列在一张纸上，将数字写入财务文件，将必要的解释附加在财务文件里。企业应该明白，商业计划书中正文对计划的阐述和财务文件里的数字表达具有一定的联系，以保证整个商业计划书的完整性。

商业计划书中关于企业应承担的法律风险，是指企业项目实施的过程中，应该如何规避相应的法律风险。由此，在商业计划书中应该提出有效的风险控制和防范措施。

以上就是商业计划书的基本要素。要想写出一份完美的商业计划书，这几个要素缺一不可。同时，企业还应该知道，受经济环境与地域的影响，商业计划书需要不断地调整与完善。总之，一份详尽、最新的商业计划书，能为企业在融资的道路上贡献一臂之力。

1.5 制作商业计划书前需要了解哪些知识

企业写商业计划书之前必须做好充足的准备，了解当前需要具备的知识，以保证向投资人提交一份思路清晰、内容全面、通俗易懂的商业计划书。企业制作商业计划书不能盲目，有的创业者在制作商业计划书之前存在这样的误区：觉得制作商业计划书之前只需要找好所需资料，进行市场调研，了解投资人

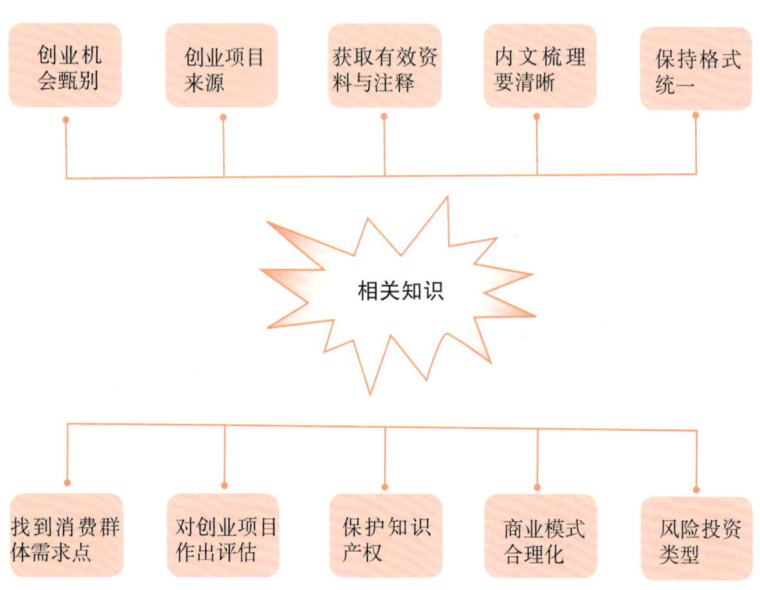

图 1-11　商业计划书制作的相关知识

的心理，然后进行资料整合就大功告成了。其实，创业者制作商业计划书需要了解的东西有很多。

如图 1-11 所示，企业制作商业计划书之前要了解相关知识，要有个清晰的思路，知道先了解哪些知识，再了解哪些知识，这样才能写出一份投资人看得懂的、完美的商业计划书。接下来我们来了解制作商业计划书需要具备的知识。

创业者在制作商业计划书之前先要甄别创业机会，以明晰这一创业机会是否有市场价值，而且，这也是投资人想要知道的。创业者做好了创业机会的甄别，就能做出一份有价值的商

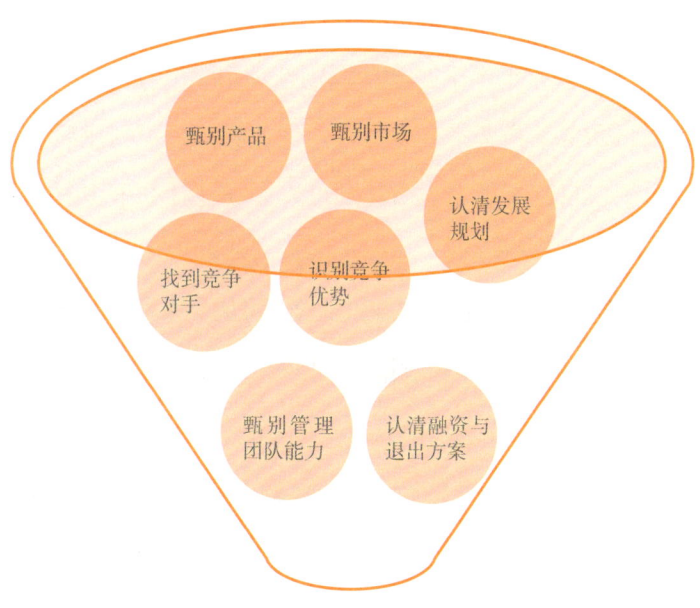

图 1-12 甄别创业机会

业计划书，不会做无用功。

创业者如何运用清晰的思路甄别创业机会呢？具体操作方法如图1-12所示。

创业者抓住了创业机会，接下来就要对创业项目进行深入的了解，只有对创业项目有了深度了解并清晰地做出规划，才能有力地去说服投资人，让投资人看到企业的未来充满希望，对企业项目充满信心。

创业项目一般都来源于已注册或即将注册的实体公司的主营产品和服务。投资人很关注创业者参与的或者经专家或企业授权的发明创造、专利技术和创意想法。创业项目来源于拥有成熟理念，并在一段时间内会投入使用的产品与服务。创业项目还来源于产学融合协同创新项目、"互联网+"新技术项目和电子商务平台项目等。创业者知道了创业项目的来源，不仅自己了解了项目，还可以在商业计划书中对投资人做出更好的解释。

企业制作商业计划书之前，非常关键的一个步骤就是获得真实、准确和有据可循的数据，这样可以让自己和投资人做出正确的预测和评估。制作商业计划书之前需要的辅助资料包括政府工作报告、年鉴、互联网最新信息、文献资料、实地调研访谈和咨询公司报告等。如果商业计划书中要用到这些资料的关键数据，创业者最好要在上面标明出处，这样可以让商业计划书更有说服力。

创业者制作商业计划书之前要有个清晰的思路,让投资人一目了然,这样才能更好地说服投资人。创业者要提前组织语言和制作草图,以方便风险投资人读懂商业计划书,如图1-13所示。

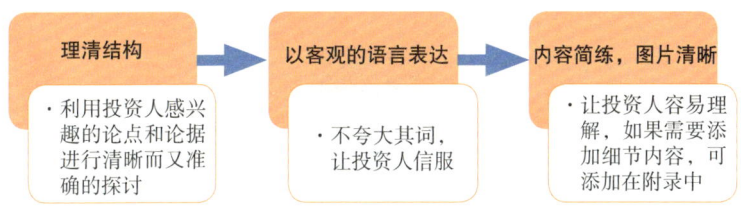

图1-13 商业计划书制作草图

一般情况下,商业计划书是由一个团队合作共同来完成的,每个人都有自己的编写风格,但商业计划书在编写的时候各个编写人要进行协商,为保持上下文格式和写作风格的统一,最后需要负责人进行定稿前的审读和编辑。

除此之外,创业者在制作商业计划书之前,还需要了解产品与服务能否满足客户需求。每位消费者都希望花钱买到心仪的商品或享受到满意的服务,所以,创业者应该提升产品与服务的价值,尽量做到让所有人满意。同时,创业人还要评估创业项目的可行性,以获得可观的利润。创业者在与投资人沟通产品与服务的可行性时,需要注意的是保护好企业的知识产权,可以采取申请专利、委托律师和托管人的方式,或者尽快实施商业计划，抓紧时间，速战速决。

企业商业模式也是创业者在制作商业计划书时需要了解的。商业模式既要体现企业为顾客创造的价值，又要兼顾企业获得的收益。所以，企业创业者就需要了解商业模式的构成和分类，如图 1-14 ~ 图 1-15 所示。

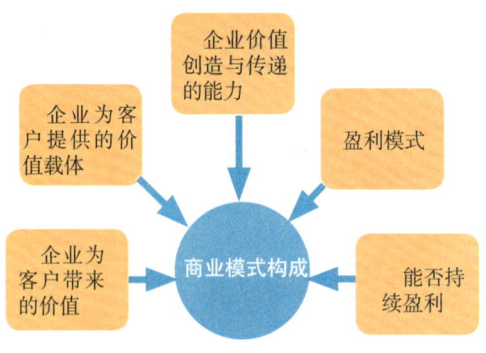

图 1-14　商业模式构成

图 1-15　商业模式分类

> **案例**

小郝是在校大学生,一直以来,他对软件开发颇感兴趣。2016年,他研发了一款软件。这款软件的主要功能是可以通过众商家入驻赚取收益。

小郝想到,现代人都喜欢方便快捷的支付方式,如消费者去餐厅,希望能在网络平台提前选好想要吃的东西,提前付钱,预定位置;还有的人多才多艺,但又不愿意风里来、雨里去在外面辛苦,他们希望通过在网络平台展示才艺,获得高的关注度,进而能获得收益……

小郝通过上网查询,之后又通过向专业人士请教,制作了一份商业计划书。经过一番宣传,开始有地图导航商家和餐厅入驻小郝开发的软件平台。双方获得收益后,小郝想要让平台扩大规模,全面发展,便将商业计划书进行了修改与调整。慢慢地,同城的一些商家也开始入驻他开发的软件平台。

创业者制作商业计划书之前还需要了解关于风险投资的类型,再结合自己的实际情况判断能获得的启动项目的资金,估测自己和投资人获得的收益。在创业公司项目运作的过程中,一般情况下,风险资本基本会运用其中,而风险资本又在项目运作的不同阶段起到不同的作用，以达到最终的目的——获得收益。

1.6 商业计划书的撰写流程

企业撰写商业计划书的主要目的是获得融资,那么这时候的商业计划书主要提交的对象就是投资者(投资人)。撰写商业计划书的流程复杂,这就需要创业者在复杂的撰写过程中有个清晰的流程。

一般情况下,商业计划书的撰写流程如图 1-16 所示。

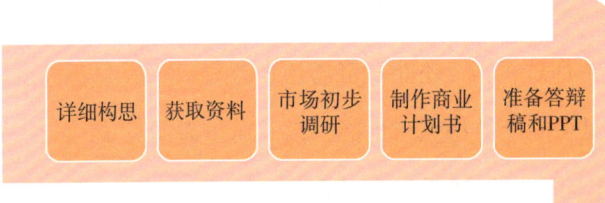

图 1-16 商业计划书撰写流程

创业者获得新的创业机会或有新的想法,首先要进行认真构思。在此期间,创业者应该找相关领域专家或相同志向的人商量创业机会的可行性。如果可行,就应该对此进行研究,并作详细构思。创业者在进行创业构思的过程中,首先应该明确创业项目的商业模式以及发展规划；其次商讨创业过程中的发展战略，并先在字面上做好规划记录；最后根据创业项目的特点确定商业计划书的整体思路。

撰写商业计划书还需要获取很多资料，对创业项目进行市场初步调研的时候需要有资料，如文献和年鉴等。撰写商业计划书还需要公司资质，以及财务报表、调查数据、预测数据、项目描述材料和市场营销材料，等等。只有创业者获取了全面的资料，才能撰写出完整的商业计划书。

创业者进行市场初步调查，能了解到行业的市场结构和技术水平等，从而了解创业项目在市场的发展前景。创业者进行市场初步调研，还可以了解客户群体，找到创业项目的价值所在。与此同时，创业者还能从市场初步调研中了解竞争对手，了解竞争对手的产品特点与性能，以及竞争者的竞争方式。最后，通过市场初步调研，做出一份调查报告附于商业计划书里。

案例

曾某经营了一家咖啡店。这家店位于人口密集的地方，每天来店里喝咖啡的人络绎不绝。这家咖啡店附近有家商场，人们在商场里逛累了的时候，都会来店里休息一会儿，点一杯咖啡，除去疲劳。

曾某一向都热衷于经营咖啡，最近一段时间，他又突发奇想，想要在另一个城市开一家咖啡分店。

想要扩大规模，就需要融资。曾某有个朋友恰好是投资人，对曾某扩大咖啡店的规模很感兴趣，于是让曾某制作一份详细的商业计划书。

曾某其实早已考察过了即将开店的这个城市，他想要将自己的咖啡分店开在一个繁华的、人流多的地方（位置已经选好了）。曾某还对周围环境进行了考察，在他所选位置1000米之内没有咖啡店。

曾某很用心地和自己的团队制作了商业计划书，依据市场调查，做了一份报告附在商业计划书中。

朋友看了曾某的商业计划书后非常满意，最终决定为咖啡店投资。

万事俱备，只欠东风，接下来就是工作的重中之重——制作商业计划书。

制作商业计划书一般分为以下几个步骤，如图1-17所示。

创业者不要认为制作出了一份完美的商业计划书，接下来就可以高枕无忧了，还需要进行最后一步：完成一个大概需要10分钟的答辩稿和PPT，以便在与投资人沟通

计划摘要
- 完善、统一地介绍商业计划书内容,让投资人眼前一亮

规划公司发展战略
- 介绍公司历史、起源等;
- 重点说明公司未来发展目标

分析市场和竞争对手
- 需要借助之前调研资料,描述当前市场和未来市场;
- 获取竞争对手各方面信息,让自己有能力立足于市场

营销策略
- 介绍创业项目,表现其独特性,利用创业项目的优势提出运营策略和应对措施

管理团队
- 介绍公司主要团队成员,详细说明人员分工

财务计划
- 介绍公司实际财务状况、预期收入、资产负债表等内容,同时要考虑到各种可能性

附录
- 附上管理人员的履历表、财务报表、组织机构图和其他数据资料等

目录和封面
- 目录清晰,保证投资人能找到他们想要的内容;
- 封面要专业、美观

图 1-17 商业计划书制作步骤

的时候进一步推荐自己的创业项目。答辩稿和 PPT 要简明扼要，内容要通俗易懂，突出商业计划书的重点，以引起投资人的兴趣，进而获得融资。

第 2 章

撰写原则：从投资人的角度出发

商业计划书的主要目的就是让投资人了解企业、认识企业，并决定为企业投资。投资人每天不知道要看多少份商业计划书，所以，当企业将商业计划书提交到投资人手中时，一定要让投资人看到心仪而又通俗易懂的内容，否则商业计划书就会成为废纸，毫无用处。

2.1 撰写商业计划书要学会换位思考

创业者在刚开始撰写商业计划书时,容易陷入一些误区,就是创业者根据自己的思路整理出独有的语言进行阐述,但如果有技术人员或研发者参与,他们往往会使用大量专业术语。试问,这样的方式制作出的商业计划书,投资人能理解吗?

创业团队在写商业计划书时存在的误区如图2-1所示。

目录和封面	对市场的介绍	对融资的介绍
·用专业名词大篇幅介绍产品生产的机理和工艺	·简单地列举出几个场景和如何立足于市场	·直点主题,说自己需要多少钱,给投资人分出的股份

图2-1 撰写商业计划书存在的误区

创业者制作商业计划书,在产品介绍方面,应该换位思考,投资人想要了解的是产品的功能特点,因此在计划书里要说明怎样去解决顾客消费时遇到的难题;在市场方面,投资人最想知道的是创业者设计的市场方案的特色和系统性,所以,创业者在编写商业计划书时应该重点阐述好这一问题；在融资方面，投资人想知道该怎么估值、创业者所需资金数额、资金的流向、最终能获得多少收益，因此创业者也要注意写好这几部分的内容。

创业者撰写商业计划书，除了要了解这些误区外，还要掌握商业计划书中的撰写逻辑和思路，以利投资人理解计划书内容。

案例

一位天使投资人想要为一个创业公司投资，开始，他先让创业者准备一份商业计划书。创业者撰写完了商业计划书，在提交的那一刻，天使投资人要求创业者利用 2 分钟的时间介绍产品制作的原理和功能。创业者却说："2 分钟说不明白，我需要 15 分钟。"接着，创业者开始介绍起来。他说得很认真、很详细，运用各种专业术语阐述产品复杂深奥的问题，但从天使投资人的脸上却看到了"不满意"3 个字。

造成这样结局的原因很简单，投资人完全不明白创业者在说什么。无怪乎当创业者讲到一半的时候，天使投资人借口自己很忙，离开了。

正因为创业者不了解天使投资人的真实想法，最后造成的双方无法沟通，创业者失去了获得融资的机会。

创业者撰写商业计划书时,一定要站在投资人的角度去思考问题,要清楚投资人究竟想要在商业计划书中看到什么内容。创业者撰写商业计划书,先要明白投资人的喜好和真实需求,在撰写商业计划书的过程中,要把握好逻辑、语言和内容,知道怎么写才能让投资人理解、接受,进而达成投资。如图 2-2 所示为一些投资人关注的计划书重点。

创业者能不能赚到钱
- 投资人想要知道,创业者会用什么方法获取收益

团队是否有充足的经验
- 创业项目团队的力量强大,经验丰富,是投资人判断一个创业企业能力的标准

创业企业是否有发展的潜力
- 创业者要在商业计划书中优先考虑增值问题

图 2-2 投资人关注的要点

创业项目团队撰写商业计划书时,首先应该知道投资人为什么要看创业者的商业计划书。

创业者撰写商业计划书时不要盲目,先要清楚里面该有哪内容,不该有哪些内容。换句话说,创业者应该明白投资人想要从商业计划书中看到什么。一般情况下,投资人想要从商业计划书中看到如图 2-3 所示内容。

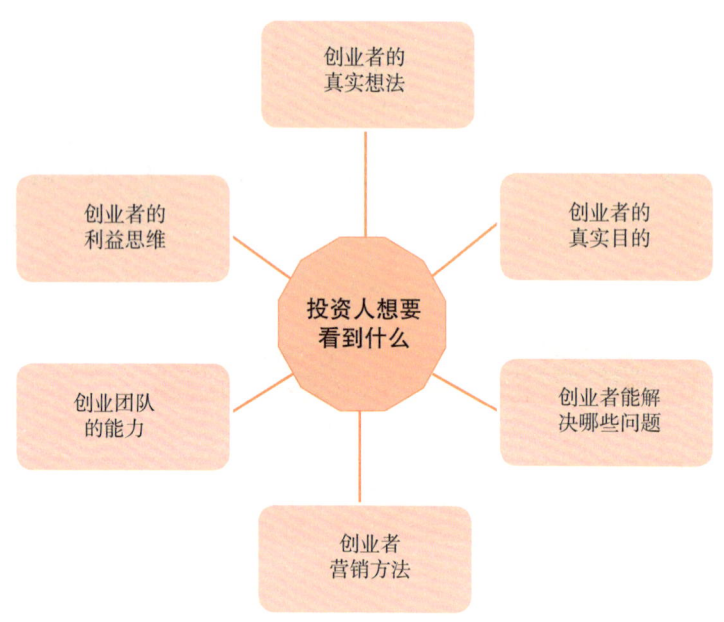

图 2-3 投资人想要从商业计划书中看到的内容

除此之外,创业者还要明白投资人为什么需要商业计划书。通过一份完美的商业计划书,投资人能明白创业者的思路,看清创业企业的发展方向,以确立自己的融资目标。

综上所述,创业者撰写商业计划书时,一定要从投资人的角度去思考问题。投资人先要保证看到创业者有正确的发展方向和目标,有可靠的管理团队,有好的营销策略,并保证看到企业有清晰的财务实践和规划。创业者的商业计划书完成之后，有必要找一位非专业人士读一遍，目的是将难以理解的内容进行修改，使得商业计划书更加通俗易懂。

2.2 商业计划书的内容要有针对性

一些创业者在撰写商业计划书时会陷入迷茫,他们知道商业计划书的基本格式,也知道在每个部分该写哪些内容,但却不知道如何突出重点;还有的创业者撰写的商业计划书内容非常完整,但交到投资人手里,对方却表示看不懂。凡此种种,都是因为商业计划书的内容没有有针对性,重点不突出。应该根据投资人关注的问题来撰写。

投资人想要对创业公司有大致的了解,他们首先要看的就是商业计划书中的摘要。创业者应该明白,只有商业计划书的摘要符合投资人的心意,投资人才可能对创业计划感兴趣。

- 合理的经营理念;
- 科学和充分的经营计划;
- 较强的团队力量;
- 证明创业项目是进入市场的最佳时机;
- 合理的财务分析;
- 让投资人的投资有保障

- 一般安排1~2页内容说明;
- 不重复啰嗦,突出重点;
- 给出计划的核心,做到前后呼应;
- 生动有趣,吸引投资人的注意力

- 用一句话说明创业理念
- 用一句话说明消费者需求;
- 用一句话介绍产品服务;
- 用一句话说明如何盈利;
- 用一句话介绍竞争对手团队特点、投资人所获收益等

图 2-4 商业计划书摘要

商业计划书的摘要是整个计划书的精华所在,体现了整个计划书的核心。因此,创业者想要让投资人对自己的创业计划产生兴趣,摘要就要符合以上三个条件,如图2-4所示。

投资人看过了摘要,对创业者的创业计划产生了兴趣,接下来才会继续阅读商业计划书,以求进一步的了解。这就需要创业者撰写的商业计划书后面的内容有针对性,有侧重点。具体撰写要点如图2-5所示。

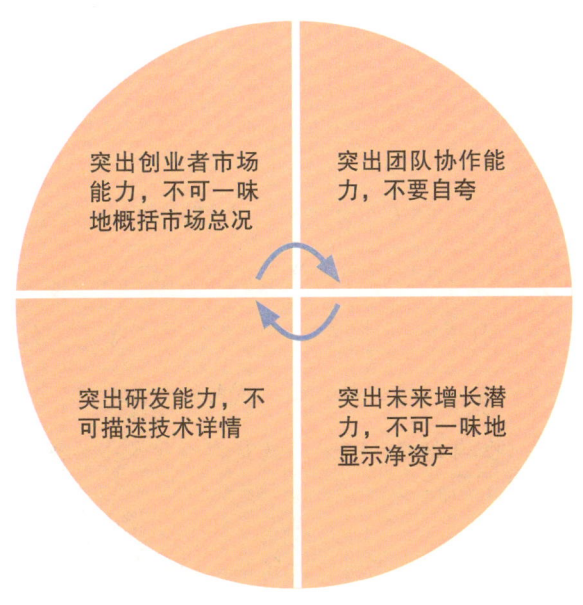

图2-5　商业计划书的撰写重点

投资人为什么想要在商业计划书中看到创业者的市场能力?因为一个企业自身的能力强,就证明它可以游刃有余地驰骋于市场。不然的话,创业者就不会立足于市场,不管市场的规模有多大。所以,创业者的营销能力是证明自身在市场地位的依据,这个必须要在商业计划书中有所体现。

毋庸置疑,创始人在企业发挥着重大的作用,但要使公司发展得更好,团队力量是关键因素。要知道,一个企业,只有依靠众人的力量,各个精英的协同合作,才能得到好的发展。企业员工协同合作,可以形成知识互补的局面,特别是新人,可以跟有丰富经验的老员工学习。

> 案例

一家网络公司的创始人自认为自己经营的公司风生水起,一帆风顺。近段时间,他在网上找到了一家融资公司。

融资公司的负责人要求这家网络公司的创始人给他们投递一份商业计划书。网络公司创始人撰写的商业计划书内容详细,重点突出,但却忽略了一点,就是找专业人士为这份商业计划书把关。

他在介绍公司内部情况时,大篇幅地强调自己的能力是多么多么地强,只是泛泛地提了一下公司团队力量起到的作用。

当这位创业者将商业计划书交到投资人的手中时,投资人对网络公司其他方面的内容都比较满意,唯独对这位创业者表现出来的自高自大作风很不满意,以至于他们认为这家网络公司不可能有大的发展前景。

于是,投资人不等看完商业计划书后半部分的内容,就毅然拒绝为这家网络公司投资。

对于一家技术型和产品型的公司,在商业计划书中强调研发能力是至关重要的。对于产片,创业者只需要在商业计划书中说明产品名称、用途、技术领先程度和用户类别等即可。创业者最好不要描述产品技术详情,因为投资人不一定能看得懂这方面的内容,而且这也不是投资人关注的问题,最关键的是,这样容易导致企业技术机密外泄,引来不必要的麻烦(图2-6)。

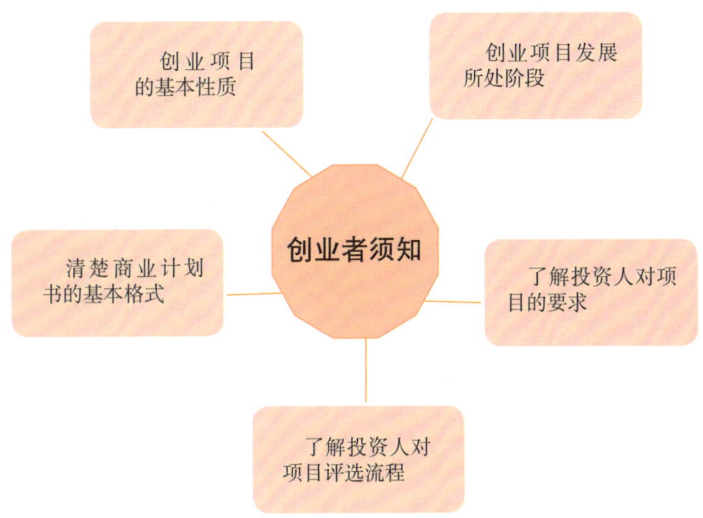

图2-6 创业者需要掌握的信息

创业者还应该突出强调企业未来增长潜力和净资产这两个方面，因为投资人更关注企业未来的增长潜力。这部分内容可以方便投资人直观地估算出企业的盈利情况，进而预测自己的盈利。这种方法较为直观，在一定程度上节省了投资人分析盈利情况的时间。

除此之外，创业者还应该针对以如图 2-6 所示的几方面撰写商业计划书，以保证交出一份令投资人满意的商业计划书。

创业者有针对性地写出商业计划书，不仅符合潜在投资人的心意，让他们客观分析企业未来的发展，进而达成融资，还可以提升企业价值，增强企业团队的凝聚力，让企业在未来的发展中创造更大的进步空间。

2.3 商业计划书要将自己的优势写出来

创业者应该通过商业计划书让投资人看到自身的优势。很多创业者已经理清了撰写商业计划书的思路，但却不知道该如何具体表达内容。也就是说，他们不知道该如何在商业计划书中体现出企业的优势来。要知道，一份内容平淡无奇的商业计划书并不能吸引到投资人的注意力。创业者要想获得投资人的"赏识"，就一定要将自身存在的优势在商业计划中表述出来。

创业者在商业计划书中介绍企业时一定要到位，让投资人清晰地了解企业。创业者要知道，投资人在这部分的内容中想要知道如下模块的具体信息（图2-7）。

图2-7 投资人想了解的企业信息

创业者撰写商业计划书时,要让投资人知道自己有完善的企业管理机制。这时候,创业者为了突出这一点,要让投资人在商业计划书中看到企业管理相关的信息,如图2-8所示。

高层简介	高层分工	管理体系	激励措施	保密措施
·详细介绍高层管理人员背景	·介绍高层团队在企业负责的工作	·介绍融资后即将设立的机构、配备人员	·介绍对管理者的激励机制和奖励措施	·介绍创业项目技术保密和知识产权保护措施

图2-8 企业管理相关信息

创业者在商业计划书中还应该为投资人介绍市场潜力。市场情况好,创业项目才有发展的空间。创业者分析市场潜力应从如下几个方面来分析。

第一,分析行业趋势。这是投资人最关注的问题之一。内容包括在未来几年,什么行业有前途、发展迅猛,创业者的创业项目可以跟得上市场发展的步伐。

第二,分析市场。创业者应该在商业计划书中体现市场规模、位置、性质、特点等,并整理资料,同时还要对资料进行分析。这样,投资人就能够对企业的经营战略、市场需求和公司效益作出初步判断。

第三,分析竞争。创业者对竞争对手应有深入的了解,分析竞争对手对本企业存在的威胁系数。相对来说,竞争对手对企业存在的威胁系数越小,越有希望获得投资人的投资。

产品介绍
- 用一句话概述

介绍目标客户
- 让投资人知道客户群体容量，进而制订未来销售计划

客户购买产品的理由
- 让投资人看到产品能解决顾客的什么需求，这样才能获得顾客支持

介绍产品当前三大用户类型
- 投资人能够知道创业者对消费者的了解程度，进而判断企业获取的利益

介绍当前产品发展进度
- 产品的经营程度越成熟，投资人就越有可能为企业投入资金，让产品正常运作

产品拥有版权、专利和配方
- 在当今这个专利时代，独家技术能让企业有好的发展

与其他同类产品进行比较
- 突出产品优势，增加投资人对产品的了解与认可度

列出未来5年内估测出的销售收入
- 产品发展到成熟期，预测销售收入可以让投资人看到产品的上升空间

图 2-9　创业项目的撰写内容

创业者还应该在商业计划书中体现创业项目，也就是产品或服务的独特之处。一个企业，仅仅拥有能力较强的管理团队还不够，还要告诉投资人你有独具风格的产品或服务。具体如图 2-9 所示。

创业者还应该在商业计划书中体现创业项目的研发能力和销售计划所占的优势。作为一家正在创业的企业，就应该有出色的研发能力和好的销售计划，将之表现在商业计划书中。这样，投资人才能了解创业企业的优势所在。

创业者应该在商业计划书中介绍产品出色的功能、先进的研发成果、未来研发计划，同时，创业者还应该告诉投资人，你的企业具有稳定的有经验的研发人员。除此之外，创业者还应该在商业计划书中对产品做出合理的定价。这就需要创业者制订合理的营销计划，提高产品的销售量，让投资人看到你在销售与商业竞争中的实力。

> 案例

张某的公司主要以研究芯片为主，目前公司研究出来的芯片的出售方式是零售。之前，芯片早已申请过了专利，是本市独有的，但却没有好的营销方式，所以，生意一直不景气。最近一段时间，张某想要扩大经营模式，于是，他托朋友为自己寻找合作伙伴，让朋友为他介绍融资公司，以启动自己的项目。

过了一段时间，朋友为他找了一家有意向为芯片投资的公司。这家公司的副总裁和张某见过一次面，对方要求张某撰写一份商业计划书给他看。

张某在短时间内完成了商业计划书。公司副总裁看了之后，觉得在这份商业计划书中根本找不到自己想要的内容：他最想要看到的是企业研发芯片员工的资料。

副总裁问张某这部分的资料为什么没有写，张某回答道："之前的员工因为不满工资待遇，离开了。不过，我公司又新来几个具备专业知识的员工，还未来得及把资料附上。"这位副总裁听到这里，当时就对张某公司内部机制产生了怀疑。他认为张某的公司对员工的激励机制存在问题，而且他从商业计划书中什么都看不到。

于是，这位副总裁说还要回去请示一下领导，之后再没联系过张某。

投资人最关心的就是自己的付出能不能得到回报，所以，创业者在商业计划书中还应该体现好的财务状况。要知道，投资人也希望能从一个创业企业的财务报表中看到盈利情况。创业者可以从以下几个方面体现企业财务优势（图2-10）。

图 2-10　企业财务状况内容

不管是创业者还是投资人都明白一个道理——创业必定存在风险，因此，创业者有必要在商业计划书中告诉投资人企业在未来发展中可能存在的风险。

创业者要在商业计划书中预测风险，同时还要分析创业风险，给出控制风险的措施，说明最后能够达到什么样的目标。

商业计划书是获得融资的辅助工具，因此，创业者还有必要在商业计划书中制订融资计划。只有让投资人看到一份合理的融资计划，他才会考虑投资问题。这时，创业者应该在商业计划书中说明融资的目的、融资制度、股权价格、投资人的权利等。只有让投资人知道了资金的去向，才有希望获得对方的投资。

最后，创业者要在商业计划书中说明退出策略。要知道，投资人既然想到了投入资金，必定就想知道退出的方式、方法，所以，创业者必须在商业计划书中讲明退出机制与回报。

创业者要在商业计划书中说明退出时间、退出方式和投资所获得的回报。如果是企业上市，就需要较长的一段时间；如果是再一次融资，时间就会较短。退出的方式还有很多种，企业创业者应该根据企业的实际情况向投资人讲明，让投资人做到心中有数。

2.4 让投资人看到你的商业计划书

创业者撰写好了商业计划书,接下来的一步就是将商业计划书提交给投资人。这时候,创业者需要了解如何去递交这份商业计划书,这是很关键的问题,因为这直接关系到能否获得投资。这里,创业者还要知道,并不是把商业计划书提交到投资人的手中就成功了,最关键的是得让投资人认真看这份商业计划书。

创业者经由正确的路径递交商业计划书给投资人,就有可能获得投资。如果创业者递交的方法不正确,那很有可能就会跟机会擦肩而过,导致之前所做的工作成了无用功。

创业者将已经完成了的商业计划书递交给了投资人,却迟迟得不到回应,原因可能有以下几种,如图 2-11 所示。

内容太啰嗦	文件太大	没有做PPT和WORD版本文件	无人脉,盲目投递
·投资人在前几分钟看不到有效信息,就会选择放弃	·投资人没有耐心去下载太大的文件	·投资者认为创业者没有认真对待这件事	·投资人对创业企业一无所知

图 2-11 商业计划书得不到回应的原因

创业者撰写商业计划书的内容一定要简洁、明了，让投资人在短时间内看到计划书所要表达的中心思想。创业者还应该知道，应该将商业计划书发送到投资人的邮箱，或以其他的方式去投递。创业者应该制作一份在短时间内可以发送成功的文件，文件的内容要符合阅读者的阅读习惯，内容要循序渐进，让阅读者产生想要知道详细内容的阅读冲动。创业者要想创业项目获得投资人高度认可，在平时就要打好基础，积攒人脉；只有跟潜在的投资人关系熟了，在撰写商业计划书时才能得到对方更多、更好的建议。

导致投资人没有去看商业计划书的原因有很多种，创业企业要想得到投资人的青睐，撰写商业计划书的内容非常重要，

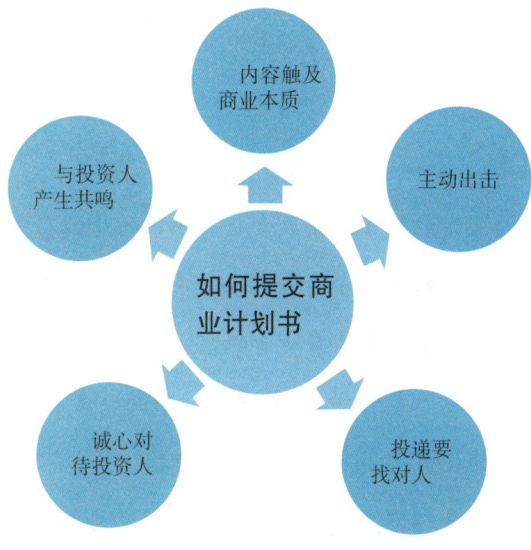

图 2-11　如何提交商业计划书

投递方式也很重要。创业者写一份完美的商业计划书，最终的结果就是让投资人看到。所以，创业者在投递商业计划书的时候也是要讲求方式，这样之前的辛苦、努力才不会白费。那么，创业者在投递商业计划书时应该讲求哪些方式呢？如图 2-12 所示。

创业者应该明白，投资人驰骋商场多年，经验丰富，他们在商业上都是非常理性的。这时，创业者在商业计划书中要体现商业逻辑和营销计划的可行性，还有项目能够获得的最大利益空间。有时候，一则商业故事可以打动投资人，但故事中也不能脱离最关键的内容，这样才能让这份商业计划书达到锦上添花的效果，否则商业计划书即便交到了投资人的手中，也成为废纸被扔进纸篓。

> 案例

李某的父亲经营了一家熟食店。他家的店铺在当地很有名气，李某觉得他家的熟食在当地很受欢迎，如果在其他的地方开分店，一定也会得到消费者青睐。

因此，李某产生个想法，就是将父亲的熟食店做大，做好。这个想法促使他开启了寻找投资人的道路。

经朋友的介绍，李某在周边一个城市找到了一位投资人，对方要求他提供一份商业计划书。

李某首先在商业计划书中介绍了自己的项目,讲到了项目的可实施性,以及预期给投资人带来的回报。接着,他又用通俗易懂的语言将商业模式、市场分析和营销策略等进行了表述,附带以几则与之紧密相关的小故事。

李某的商业计划书受到了投资人的好评,他们经过内部协商,决定向熟食店投入资金。

创业者手中有好的创业项目,就要选择合适的机会出击,以获得投资人的青睐。一旦创业项目获得投资人的资金,就能在合适的时机进行市场运作。要知道,投资人每天的业务繁忙,他们的办公桌上、电子邮箱里很可能有很多商业计划书等着看。因此,创业者要抓住机会向投资人投递商业计划书。如果投资人看准了某一个创业者的商业计划书,就极有可能将钱投入创业者的项目。

创业者应该知道,商业计划书递交到投资人的手中,中间还要经过若干环节。

商业计划书由投资经理人来接收、查看,然后再由他们进行筛选,筛选出来的投资计划书交给总经理或董事长。因此,创业者要清楚,商业计划书一定要符合投资经理人、总经理和董事长的心意。

创业者提交商业计划书一定要体现真诚，切忌群发计划书。群发的商业计划书会让投资人认为你不尊重他，会对你产生不好的印象。

创业者撰写的商业计划书要实事求是，不可夸大其词，内容要简单明了，让投资人迅速了解创业项目，进而进行估值。创业者为向投资人表现诚意，在商业计划书中介绍自己的背景和创业团队是非常关键的。这可以让投资人看清楚你和你的团队是否能担重任。你的工作经验和团队所具备的能力写得越清晰，就越能表现出你对这次创业的重视，对投资人的真诚。

商业计划书交到投资人手里，投资人会不会被这份商业计划书吸引，或者说，他们会不会对这份商业计划书中的创业项目产生好感，创业者应该做到心中有数。为了达到这一目的，这需要创业者和投资人产生共鸣。这就需要创业者主动去获取投资人的信息，了解他们的近期动态和感兴趣的领域。

2.5 给投资人讲个好故事

一些创业者会走入误区：只要创业项目富有创意，只要在创业计划书里有所体现，就一定可以获得融资。实则他们漏掉了一个关键，就是创业者要想获得融资，还要通过有趣的故事来打动投资人。

创业者在为投资人讲故事的时候，要注意，故事情节应具备以下几个特点（图2-13）。

图 2-13　故事情节应具有的特点

电视或小说上的故事情节可以虚构，但是创业者切记商业故事绝对不可以虚构。商业虚构故事或许会引得投资人啧啧称奇，但却很难使他投资这一项目。同理，创业者为投资人讲一个真实的商业故事，也不能只是单纯地将故事内容毫无生趣地讲出来，因为这样会让投资人觉得枯燥无味，以至于对项目失去兴趣。

一个平淡的故事不可能吸引投资人的眼球,创业者想要通过故事真正地打动投资,这则故事就必须是一则伟大的商业故事。最有说服力的商业故事是通过对比,突出好的一方面,如正义的一方最终战胜反派。创业者面对投资人,可以把降低效率、浪费等比作是不好的一面,将创业机会中的营销方式等比作好的一面,最终完美的结局是好的一面战胜了不好的一面,这么做,也就预示创业者的创业机会能够立足于市场。接下来,创业者为了让好的一面在市场上一帆风顺,就要估测出创业面临的风险,并突出规避风险的方略、方针。为了让故事更有说服力,创业者不妨为投资人讲一个发生在自己身边的真实故事,并说明自己的解决方式。这样一来,投资人就会更加相信你的能力,相信你的实力。

> **案例**

这是创业者见的第三个投资人了,前两个都没有为他所创办的企业投资。这位创业者总结了前两次失败的教训,决定在和第三个投资人见面时通过讲故事的方式来打动对方。

这位创业者想要通过故事的方式讲明今后创业存在的风险,以及他所做好的应对措施。他有一个很要好的朋友,于是,他将这件事告诉了朋友,朋友劝他不要说出来,因为一旦投资人知道了投资存在风险,极有可能会知难而退,那创业者之前的努力就又白费了。

虽然这位创业者明白朋友说的不无道理,但他相信,投资人不但想要了解资金的去向,还想要知道资金存在的危险系数,更想要知道创业者是怎么去规避风险的。创业者知道,一定要和投资人讲清楚这件事,但让他们明白这件事需要讲求方法。于是,他想到了通过讲故事的方式,而且讲的是自己身边发生的真实故事。

当创业者见到投资人时,他讲了自己在几年前做的第一份工作——做房地产的销售顾问。他为购房者推荐房子的时候,从来不会夸房子是多么好,也不会给他们画大饼,相反地,他会告诉他们房子存在的缺点和可能存在的风险,接着,他给出应对方案,这样一来反倒增加了购房者的信任度。用这种方式销售房,他在一年的时间里被晋升为该公司的区域总监。

投资人在听创业者讲这个故事的时候连连点头,看得出来,他们愿意将手里的资金投给这位创业者。

创业者面对投资人,给他们讲故事的最终目的就是打动对方,为自己的项目获得投资。但并不是说,只要保证故事

情节具备以上几个特点,就能打动投资人,还应该讲求讲故事的方式,既要生动有趣又要恰到好处。需要注意的要点如图2-14所示。

用通俗易懂的语言清楚地表述	创业者将投资人当作小白,将复杂的技术原理干脆利落、清清楚楚地表述出来
从投资人这里获得信息	不要试图说服投资人,也不要尝试改变他们的想法,应该想方设法从他们的言语中获取有用信息
告诉投资人现在是启动项目的最好时机	创业者应该为投资人传递这一信息,让创业项目顺应市场,以免错失良机
让投资人循序渐进融资,给对方留下好印象	让投资人先融一部分资金,利用这部分资金让投资人看到融资希望
与投资企业中层的人搞好关系	如果他们看重创业项目,会极力推荐创业者公司,以提升个人业绩
无论成败,都要与投资人保持良好关系	胜败乃兵家常事,创业者即使被投资人拒绝了,也要跟对方保持良好关系,提升自己的人气

图 2-14 讲故事的要点

创业者在寻求融资的道路上会遇到这样或那样的难题,而解决这些难题的目的就是获得创业项目启动资金,这些创业项目资金是从投资人那边来的。投资者要想尽办法说服投资人。完美的商业故事是说服投资人进行融资最好的工具。创业者想要讲好一个完美而又完整的商业故事,在一开始就要吸引投资人，增加故事的可信度是重点，故事细节必不可少，最后，让这则商业故事打动投资人，促使他们做出最终的投资决定。

第3章

公司团队：告诉投资人你们是最棒的

> 投资就是投人！你的团队是什么样，直接决定了投资人对企业的第一印象。团队内容怎么写？公司的宗旨和目标，公司的组织结构，公司的高管背景，公司的股权划分，把这些说明白，让投资人判定你的公司能做什么。

3.1 明确公司的宗旨和目标

公司或企业拥有产品与服务，想要在此基础上通过获得融资来扩大规模，就应该在商业计划书中先向投资人介绍自己公司的基本情况。创业者需要明白投资人想要从你公司的基本情况中获得哪些信息。投资人为你的公司投入资金，必定想要知道自己是如何获得回报的。如果创业者能在商业计划书中体现本公司的宗旨和目标，就能让投资人看到创业者公司具有使命感，值得信赖（图3-1）。

公司宗旨——经营理念
- 用清晰而精炼的语言表明公司使命和指导方针

公司目标
- 公司使命和指导方针的具体化和数量化

图3-1　公司宗旨和目标

公司宗旨作为一条主线，将公司的信念和想要达到的最终目标连在了一起。这样，就可以引导公司员工团结在一起，拥有良好的经营模式，最终获得成功。公司宗旨的基本内容如图3-2所示。

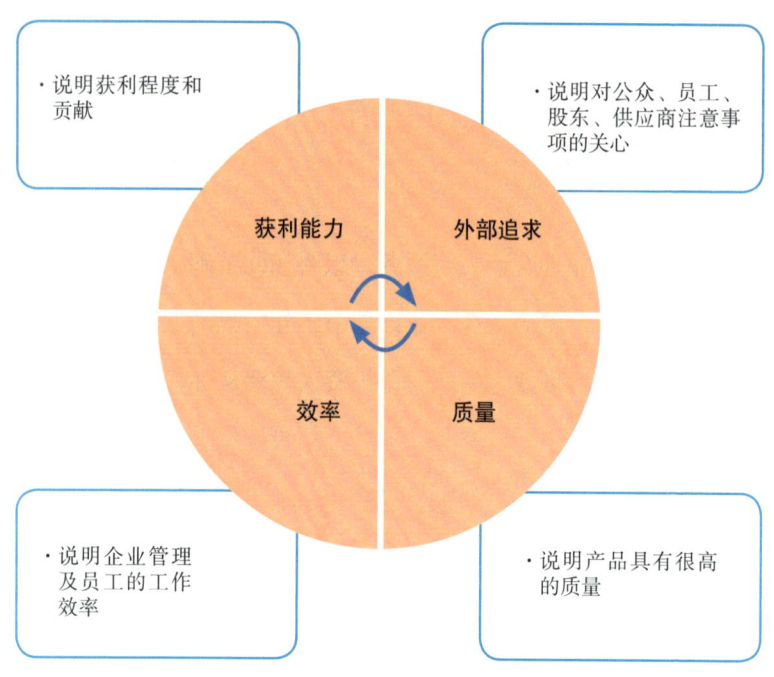

图 3-2 公司宗旨的基本内容

除此之外，公司宗旨的基本内容还包括企业氛围、行为规范等。每个公司都有自己的宗旨，但不管内容如何，必须用最简短的话表达核心的意思。创业者要明白，一个公司的成败与其提出的具有挑战性的宗旨是紧密相连、密不可分的。

公司目标体现了一个企业在预定时间内经营的方向和所要达到的数量水平。这里所说的预定时间一般情况下较长，为 3 到 5 年的时间。企业想要实现理想中的目标，就需要借助外部环境。好的外部环境能对企业的发展起到激励作用，但不管从什么角度来划分，企业目标都必须符合实际，不要喊空口号，让投资人觉得是在画大饼。

> **案例**

一家为消费者提供服务类产品的公司创业者在商业计划书讲到了公司宗旨："让顾客舒心体验，引领时尚。"同时，制作商业计划书的团队还指明了公司在3年之内的目标。他们在商业计划书中这样写道："本公司以很高的发展速度和高盈利水平，销售额在3年内达到1个亿，并在今后继续保持该水平。"

投资人看到这样的内容，结合这家公司在商业计划书中提供的各种资料和实际情况估算了一下其未来3年的销售额，最多也就在2000万元左右。投资人就开始怀疑这家公司商业计划书内容的真实性。投资人有了这种顾虑，于是就开始寻找另一家需要融资的公司来合作，之后，再没有和这家公司联系过。

公司宗旨和目标并不是独立存在的，二者之间存在着一定的联系与区别，都可以表示为公司发展的指导思想，由宗旨引导目标，由目标实现宗旨，二者之间的区别如图3-3所示。

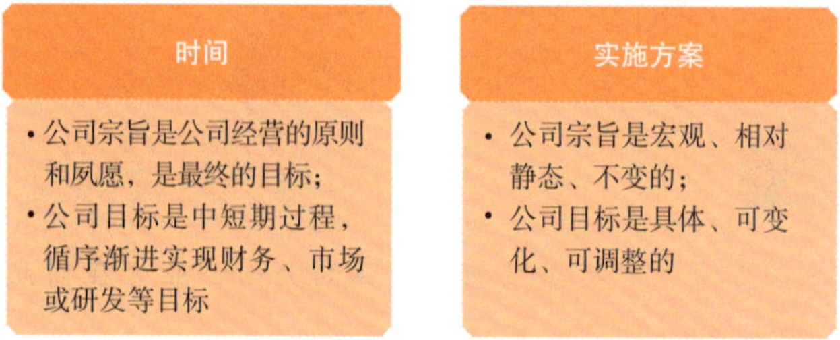

时间	实施方案
• 公司宗旨是公司经营的原则和夙愿，是最终的目标； • 公司目标是中短期过程，循序渐进实现财务、市场或研发等目标	• 公司宗旨是宏观、相对静态、不变的； • 公司目标是具体、可变化、可调整的

图 3-3　公司宗旨和目标的区别

创业者在商业计划书中体现公司的宗旨和目标的最终目的是让投资人看到公司的发展前景，给投资人留下好的印象，同时，还能激励本公司员工找准前进的方向，拥有前进的动力。

3.2 公司有清晰的组织结构

组织是管理的基本职能之一。依据组织结构公司可对工作任务进行分工、分组及协调合作。创业者在商业计划书中列出清晰的组织结构，能够让投资人清晰地看到组织各部分的排列顺序、空间位置、聚散状态、联系方式，以及各要素之间的联系。不同的组织结构都以图形的形式表现，能让公司组织的参与者认清组织方向，努力实现组织目标。

组织工作是指为了实现组织目标，在工作的过程中，将公司员工从事的各项工作、活动进行划分组合，同时，公司在一定的时间和空间范围内将人、财、物、信息等资源进行

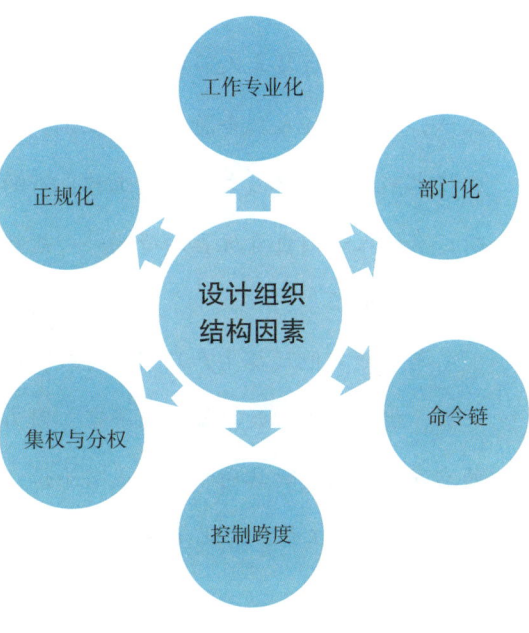

图 3-4　组织的结构设计因素

合理配置。在此之前，公司还会对相关人士进行选聘、考评和培训，经过合理配置的员工由各管理层监督他们的工作。公司组织结构是由管理人员来设计的，管理者进行这一工作之前，要从如图3-4所示的6个因素来考虑。

> 案例

小震新开了一家公司，他所经营的公司在当地非常有名。他的员工生产的玩具速度快，质量又好，很多销售商家都愿意和他合作。

原来，小震公司的每一位员工的工作都是特定的，他们在上岗之前都经过技术人员的认真培训，如有人不能胜任当前的工作，相关责任人就会将该名员工调到别的岗位上。各岗位员工技术熟练地重复做着各自的工作：有的人专门制作玩具的眼睛，有的人专门负责玩具的缝制……短短的时间内，一个玩具就生产出来了。

与当地其他玩具生产厂家相比较，小震是雇佣员工最少的一家，但也是生产效率最高的一家，因为小震受到工作专业化的启发，将生产玩具的步骤分成若干份，再由单独的个体来完成其中的一份工作，由此使得公司的生产效率遥遥领先。

公司组织管理能力的强弱直接关系到公司能否顺利实现组织目标。创业公司应该根据公司的宗旨与战略设计组织结构，以壮大公司实力，获得投资人的青睐。公司管理者根据以上因素设计出的组织结构分为以下4个方面（图3-5）。

职能结构
- 达到组织目标时需要的各项工作、比例，以及关系

层次结构（纵向）
- 管理层次的构成及管理者的数量

部门结构（横向）
- 各管理部门的构成

职权结构
- 各层次、部门在权力和责任方面的分工和相互关系

图 3-5　组织结构组成

公司组织的性质不同，规模大小不一，发展阶段也有差异，为此，公司组织结构的形式也多种多样。目前，公司组织结构的形式有直线型、职能型、直线职能型、事业部制、矩阵制和多维立体型等。在这些组织结构形式中，公司一般为直线型、

职能型、事业部制、矩阵制的混合型。接下来，我们具体认识一下各组织结构的形式。

直线型组织结构，这是一种传统而又简单的组织结构形式。其领导关系不设立专门的职能机构，按照垂直系统建立，从上到下如同直线（图3-6）。

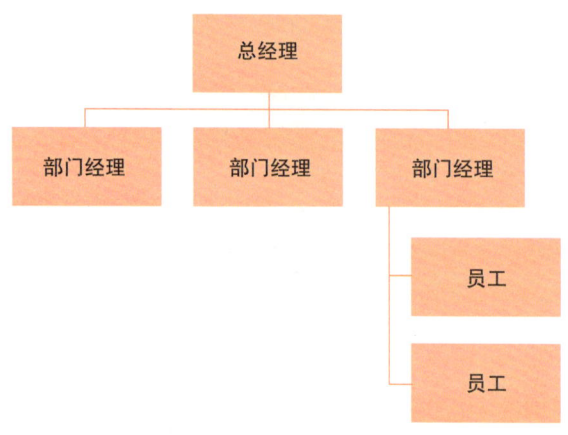

图 3-6　直线型组织结构

职能型组织结构，这是指按照职能组织部门分工，从公司的高层到基层，每一层相同职能的管理者和员工会进行组合，同时设立对应的管理部门及职务（图3-7）。

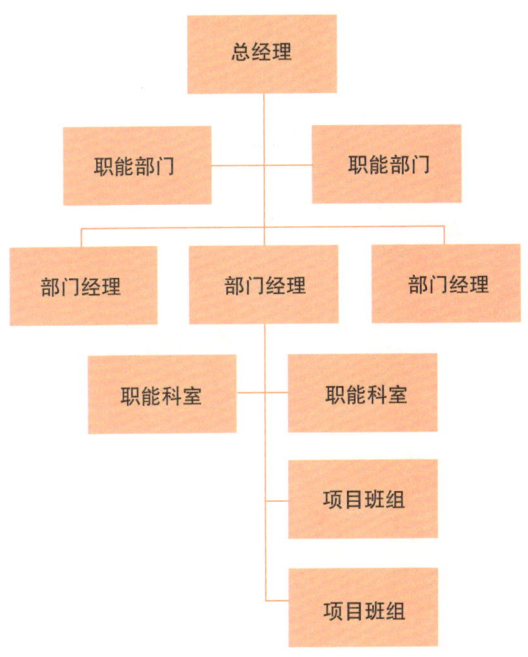

图 3-7　职能型组织结构

　　直线职能型组织结构，这是在直线型组织结构的基础上，对职能型组织机构的进一步完善与改进的结构。这种组织结构在现代企业较为常见，而且被大中型企业经常运用。

　　事业部制组织结构，这是在产品部门化的基础上建立的一种分权管理组织结构。其规模庞大、品种多种多样、技术复杂，是国内外大中型企业普遍使用的一种现代企业组织模式，如图 3-8 所示。

　　矩阵制组织结构，既可以按职能垂直划分领导系统，又可以按照项目横向划分领导关系，即在直线职能型的基础上，再增加一种横向的领导关系。

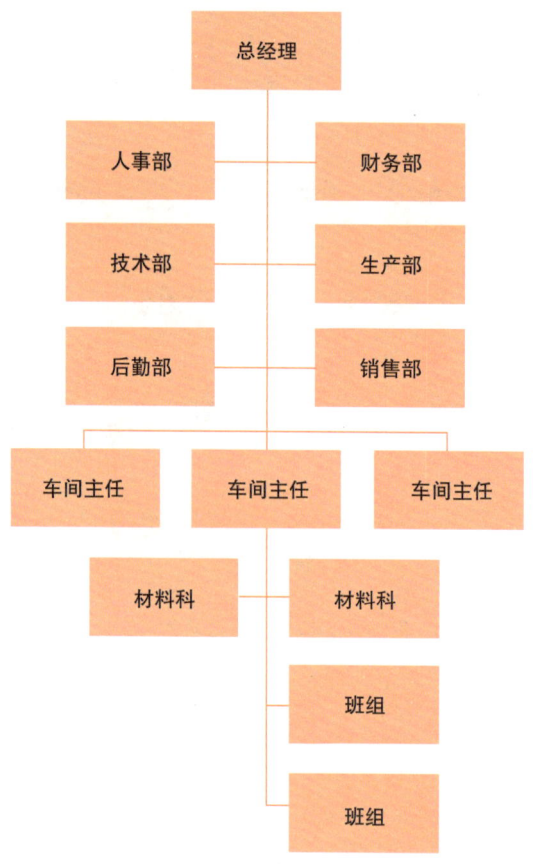

图 3-8　事业部制组织结构

多维立体型组织结构，这是事业部制与矩阵制组织结构的有机结合。这种组织结构可以按项目与服务划分部门，可以按职能划分，也可以按地区进行划分，便于组织和管理，如图 3-9

所示。

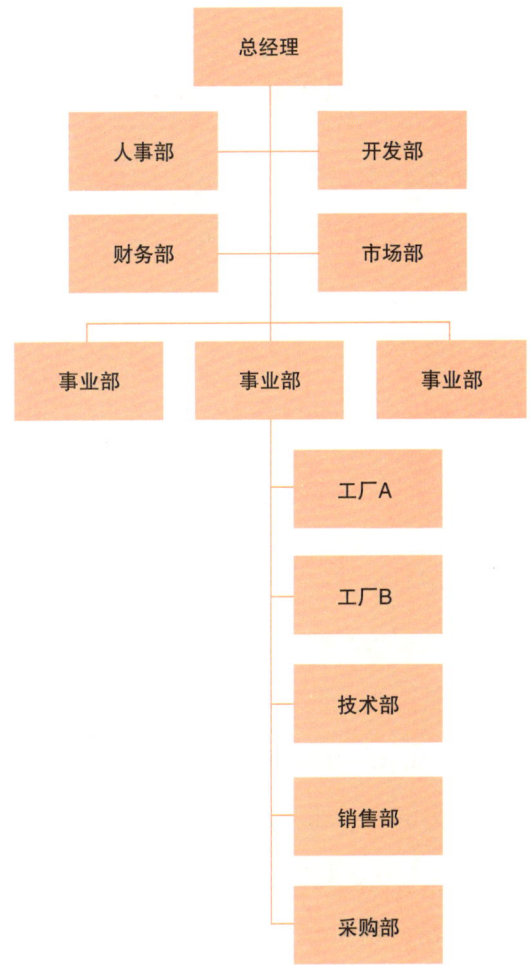

图 3-9　多维立体型组织结构

创业者应该根据自身的实际情况合理安排公司组织结构，清楚地知道公司现在所处的阶段，以让投资人对自己的公司有个清晰的认识。

3.3 部门及重要岗位的职责介绍

投资人在为企业投资之前,一定要对企业的部门及重要岗位有清晰的认识。投资人必定会搞清楚公司管理层及员工的相关情况,而这一部分信息,投资人也会从商业计划书中获取。

因此,创业者在撰写商业计划书时,一定要对本公司部门及重要岗位进行介绍,并作出分析,规范岗位职责。创业者在商业计划书中介绍的公司部门及重要岗位,既是说服投资人投资的有力武器,又是有力保障提高员工工作效率的说明。创业者对于员工在工作中存在的不足也应该明确地提出来,同时还应该给出相应的纠正措施。为了让投资人更清晰地认识部门及重要的岗位职责,创业者可以通过图形的形式表示出来,让投资人一目了然。

以下为公司的一些重要部门及职责的介绍,如图3-10所示。

人事部
- 规范制定公司劳动人事管理政策

行政部
- 做好上级与下属的沟通工作，让部门之间协同合作，贯彻领导指示，实施工作和计划的督办和检查

财务部
- 组织编制公司年、季度成本、利润等财务指示计划，并进行检查、监督和考核、调整与实时控制

采购部
- 制定公司统一的采购政策，根据年度工作计划制订采购供应计划

生产管理部
- 设立生产计划，根据公司实际情况进行修订

营销部
- 根据公司实际情况提出营销策略，运用各种有效方式销售产品

品质管理部
- 制定质量管理、质量检验等制度，建立完善的质量保证体系等，最终达到保证产品质量的目的

产品开发部
- 负责公司技术的稳定发展，制定相应的制度与长远规划

图 3-10 重要部门及职责

除此之外，有些公司还有如计划发展部、宣传部、技术工程部等，每个部门相关人员都负责各自的工作，各尽其责、分工明确，让各管理层进行科学管理，同时也大大地提高公司的工作效率。

> **案例**

某企业撰写商业计划书时，为投资人介绍了企业各部门，以及部门担负的责任。对于本企业的人事部门，企业创业者在商业计划书中介绍这一部门负责公司人力资源工作的规划，该公司人力资源部门负责的主要工作是建立关于招聘、培训、考勤的各项规章制度，并予以严格的执行。该企业人事部还负责制定和完善公司岗位编制，同时负责办理入职手续，负责人事档案的管理、保管和用工合同的签订，建立新员工档案，等等。

总而言之，企业创业者通过商业计划书对人事部门所做的介绍，让投资人了解到人事部的具体设置情况。

加上投资人通过商业计划书的其他内容，认识到这家企业的大局意识很强，凡事都从全局来考虑，企业员工工作的积极性很高，创业者的创业气氛很浓，由此，投资人有了投资的打算。

第 3 章 公司团队：告诉投资人你们是最棒的

一个公司，不管是管理层，还是普通员工，都应该认真地在各自的岗位上认真工作。创业者应该让不同岗位的员工（包括自己）明白各自的职责，清楚各自的工作内容，认识到各自承担的责任。创业者还应该让大家明白如何提高工作效率，保证在规定的时间内完成各自的工作，发挥各自的重要作用（图3-11）。

岗位	职责
董事长	·公司最高职位，为公司法人代表，是重大事项的主要决策者，对公司的发展及经营负全责，直接下级为副董事长
总经理	·直接上级为董事长，直接下级为总监、总经理助理。主要责任：接受上级任务并指导、监督下属部门工作
财务总监	·直接上级是总经理，直接下级为财务部经理。主要责任：接受上级任务并指导、监督下属部门做好工作，同时承担协调税务关系的责任
人事行政总监	·直接上级是总经理，直接下级为人力资源部经理、行政后勤部经理、信息化部经理。主要职责：接受上级任务并指导、监督下属部门工作，同时承担协调公司外部关系的责任
生产总监	·直接上级是总经理，直接下级为生产部经理、采购部经理等。主要职责：接受上级任务并指导、监督下属部门工作，同时承担着接洽、监督生产的责任
运营总监	·直接上级是总经理，直接下级为运营经理。主要职责：负责公司的运作与管理、年度经营计划的完成

图 3-11 公司岗位及职责

从董事长到总经理，再由总经理到经理，最后由经理到员工，都对公司的运营起到至关重要的作用。一个公司，一开始并不会拥有健全的管理人才队伍和拥有全能技术的员工队伍，需要从社会招聘，而在招聘前，公司相关责任人应该先选拔一批专业素质强的管理人员，再由管理者完成员工的培训和监督工作。

公司优秀的员工能够按照公司的规章制度认真学习，了解自己的工作范围，进而更好地完成自己的工作。同时，每位员工也要协同合作、相互配合，提高工作效率。创业者在商业计划书中清晰表述公司重要岗位和相应职责，投资人就可以明了公司内部工作流程。

3.4 清晰严谨的股权划分

创业公司成立初期,一般情况下都会采用股份制的形式。如何划分股权则是一个很重要的问题。若公司股权的划分不合理,就难以发挥股东的主观能动性,导致在创业的过程中出现大的错误,使股东付出巨大代价。

通常,创业公司的股份分为以下三个部分(图3-12)。

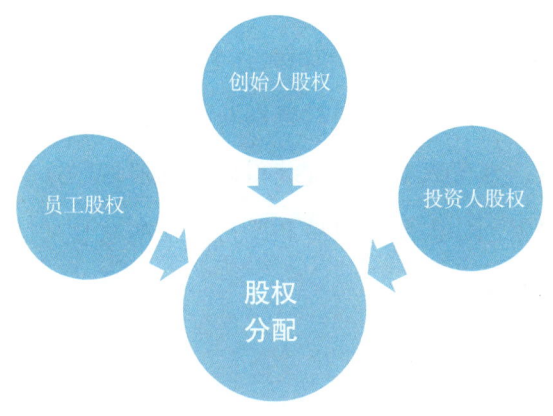

图3-12 公司的股权分配

公司创业者重要成员如果占有的股份太低,那将导致他们不愿发挥主观能动性;如果某个人占有的股份太高,一旦在创业的过程中犯错,这位持有高股份的人所付出的代价就特别大。在股权的分配上,创始人是承担风险的人,占有的股权也相对较高。如果一个公司同时有几个创业者,最一开始,创业者所占的股份持平,之后,应该根据创业者在召集人、提出创意,或者在吸引投资或解决贷款等方面的贡献程度来调整相应的比例。

有的创始人是全职工作,有的创始人被称之为联合创始人,在公司担任兼职工作,这个时候,全职创始人对公司做的贡献要大于联合创始人,对应地,全职创始人持有的股份也较多。公司合伙人中,往往是投入资金较多的合伙人持有的股份较多。同时,公司创业者与其合伙人还会根据投资成功案例来分配股权。一般情况下,创业者是第一次创业,而其合伙人如果曾参与过风投投资并获得了成功,这时,合伙人就会依次获得较多的股权。这样一来,就能够根据创始人所占股份和股份相加的总数来计算出每个人所占的百分比了。

案例

2011年,一家化妆品公司刚刚成立,公司有两位联合创始人加入,一位天使投资人看好他们的项目,就决定为这家公司投资。

这家化妆品公司在创业初期,主张由一位有能力的创始人掌握公司职权,这位有能力者作为公司的核心人物,持有较多的股份。这位创始人和其他两位联合创始人所持股的比例为6∶2∶2。这样一来,公司的核心者持有公司大部分股权,一来可以提高他的决策效率,同时还可以带领其他创始人为公司做出相应贡献。天使投资人在天使轮的投资中所占股权为25%。经过4年的努力,这家化妆品公司成功上市。

在一些创业企业中,创业者总愿意将员工当成是合伙人,这是一种激励员工的有效方法。企业员工占有相应的股权,能够调动工作积极性,但也应承担一定的风险。同时,员工持有相应股份,对公司也有一定的负面作用(图3-13)。

> **一个负面作用**
> · 很早就分散了公司股权

> **另一个负面作用**
> · 具有员工心态,甘愿做员工的人,因为希望获得稳定收入,对未来或增值的股权没有太大的兴趣

图3-13 企业员工占有相应股权的负面作用

创业公司在创业前期需要投资人出钱，创业项目才能正常启动。创业者要想投资人出资，就必须将自己所持有的股权分出来，让投资人占有一定的股份。一般情况下，投资人在创业公司发展初期不愿意占有太多的股份，因为持有股份多，相应承担的风险也大，而且如果投资人占有的股权过多，创业团队所占的股权就相对较少。这时候，企业团队不太愿意将所有的精力都投入公司事业中，创业成功的可能性自然会变小。

对于一个创业企业或公司，要想发挥在股权分配上公平、公正的原则，首先就应该在股权分配的初期设定一个合理的股权池，以正确的方式为公司吸引人才，尽快为公司取得融资项目，在有效的时间内获得利润。

第4章

商业模式：告诉投资人你们靠什么赚钱

> 投资人在商业计划书中最想看到还有企业的赚钱模式，他们想知道你靠什么赚钱，可以赚到多少。企业应抓住投资人的这个心理，把商业模式说清楚，告诉投资人你有什么样的产品或服务，如何进行产品或服务的研发与升级，产品或服务的优势在哪里，等等。

4.1 商业模式的详细阐述

商业模式是企业和企业之间，一个企业的部门之间，或者企业与顾客、渠道之间存在着的相互间的交易关系，或是彼此以某种方式连接在一起的一种模式。简而言之，商业模式就是一个企业利用产品或服务赚钱的一种方式。创业者在商业计划书中为投资人呈现一个好的商业模式，能有力地说服投资人。

接下来，我们以图来解析一下商业模式的新概念（图4-1）。

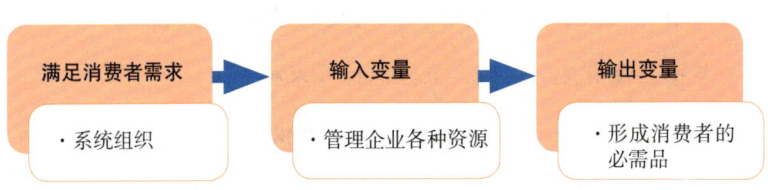

图 4-1　商业模式

企业的资源统称为消费者需要购买的产品和服务。这种资源具有两个特征：① 自己可以复制，除此之外，任何人不能复制；② 企业自己在复制中占据市场优势地位。

企业拥有好的商业模式的前提是必须积攒足够多的消费

资源，还有就是给产品或服务选择一个特定的市场，让创业项目适应市场需求。有的企业因为没有为产品和服务选择好市场，到最后为了让消费者体验，不得不采取免费赠送形式，导致消费者不愿意再花钱购买创业者的产品或是体验服务。

> 案例

2014年，28岁的吴某用手里的积蓄开了一家超市。这家超市投资20万元左右，吴某估测了一下，一年大概能赚30万元。

2014年年底，超市的纯利润果然在30万元左右。这时，吴某有了拓展业务的想法，他想要连续开4家超市。但是，吴某手里没有足够的钱，只能通过寻求投资。

吴某在商业计划书中为投资人提供了一套商业模式，方案是这样制订的：如果自己开了5家超市，就能让消费者产生信任，消费者可以通过充值的方法买商品，而且最后为自己赢取利润。顾客充值在2000元以上，如果再介绍5位顾客充值，这位顾客可以获得除去自己购买2000元的商品外，额外的2000元奖金。吴某会利用消费者充值的钱继续开拓市场，开10家，甚至20家超市。吴某的商业模式令投资人非常满意。

投资人看过吴某的商业计划书之后,经过内部商议,决定予以投资。

好的商业模式需要具备以下 9 个要素(图 4-2)。

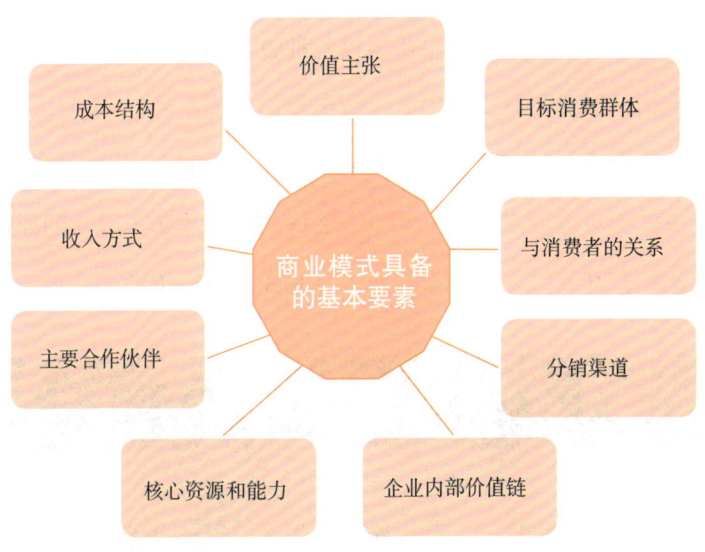

图 4-2　商业模式具备的基本要素

价值主张是指企业通过产品与服务为消费者提供的某种价值;目标消费群体是指企业通过市场划分选定的消费者群体;与消费者的关系是指企业与消费者之间建立的关系,双方彼此进行沟通和反馈；分销渠道是指企业通过有效途径接触消费者，再将产品与服务价值传递给目标消费者的过程；企业内部价值链是指企业业务流程的安排和资源的配置；核心资源和能力是指企业实施商业模式的过程中需要的资源和能力；主要合作伙伴是指企业与企业之间为提供有效价值而形成的合作关系网络；收入方式是指企业通过各种收入创造财务的过程；成本结构是指日常开支，售后、营销及销售成本。

一个企业具备了上面 9 个要素，就可以制定出一套好的商业模式。对创业者来说，究竟什么样的模式才属于成功的商业模式呢？其实，好的商业模式主要有 3 个特征（图 4-3）。

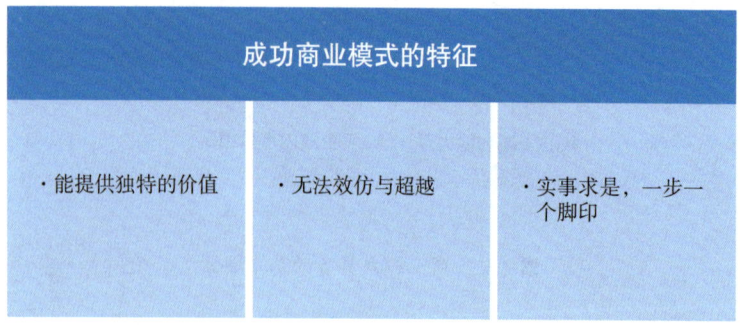

图 4-3 成功商业模式的特征

企业应该明白，商业模式并不是一成不变的，商业模式会随着企业的发展不断地发生变化。这时候，就需要企业跟随时代的发展，在商业模式上创新，并不断地进行调整，这样才能让投资人看到企业的未来是充满希望的、有价值的。

4.2 产品服务的准确定位

创业者在商业计划书中对产品和服务进行介绍是获得融资的关键。创业者应该在撰写商业计划书时对产品服务进行准确的定位,让投资人清晰地了解到企业产品的用途,产品是针对哪类消费者来生产的,或者让投资人明白企业需要做出什么样的产品才能满足消费者的需求等。创业者只有对产品有了准确的定位,才能够让投资人知道创业项目的价值,进而为项目

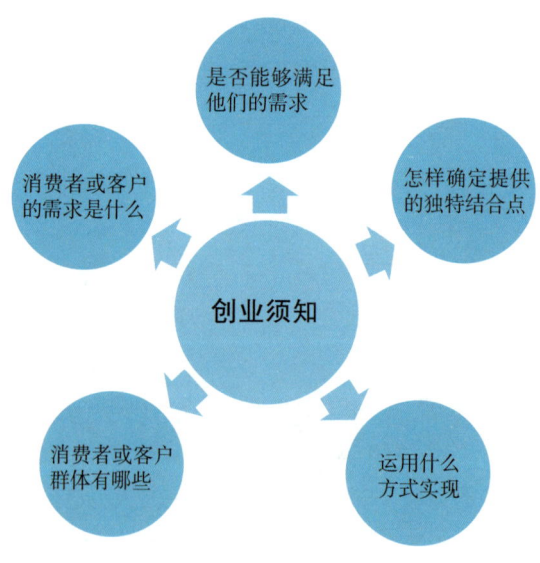

图 4-4 创业须知

投资。

产品服务的定位是指创业企业或产品服务在消费者或客户心目中的形象或地位。一般情况下，这种形象与地位是其他产品服务无法比拟的，具有独特性。这时候，就需要创业者付出努力，为产品服务进行准确的定位。创业须知包含以上几点（图4-4）。

针对以上提出的5个问题，采用5步走的方式来解决，如图4-5所示。

图4-5 解决问题的5个步骤

目标市场定位是一个市场细分和目标市场选择的过程，换言之，就是创业者要了解将要为谁服务。任何一家公司都不可能赢得所有顾客的青睐，但总有需要或适合使用产品的目标客户。创业者在选择目标客户的时候，需要首先确定细分市场的标准，对整体市场进行细分，其次对细分后的市场进行评估，最终确定所选择的目标市场。目标市场具体应进行以下定位，如图4-6所示。

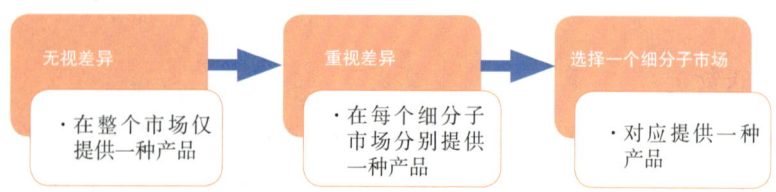

图 4-6 如何准确定位产品的目标市场

产品服务需求定位,这是指创业者需要满足产品服务获得者的一些需求。这时候,创业者应该根据消费者的需求来定位产品类别。所以,创业者在这一环节中要进行产品调研,不断地改进产品,以满足消费者的需求。

企业产品测试定位,这是对企业进行产品创意或产品测试。

产品服务差异化价值点定位既要解决目标客户需要、企业提供产品及竞争各方的特点结合问题,还要将这些独特点与其他营销属性相结合。

营销组合定位,就是怎样去满足需求,当确定了目标客户的需求与产品服务之后,需要通过营销组合方案来确定准确的定位。

> 案 例

张某在某一旅游景点经营一家旅馆,来到这里旅行的绝大多数都是青年人,大部分人来这里会住 1 到 2 天。张某觉得应该尽量为这些年轻人提供经济实惠的价格,以满足他们的消费标准。年轻人喜欢上网，于是，他在房间里设置了无线网，让每位单独旅行的顾客回到温馨小屋之后能够看电视、打游戏等。

张某虽在这方面考虑得非常周全，但总有想不到的地方。年轻人出门总喜欢自带洗漱用品，所以他就没有想到要在房间里放一套备用洗漱用品。一次，一位旅客没有带这些东西，看到房间里没有，顿时就有些懊恼。张某知道了之后，立马向该名顾客表示歉意，并迅速予以解决。不一会儿，张某就为那位顾客送去了洗漱用品。

从此以后，张某每次打扫完房间，都会放一套新的洗漱用具。张某觉得自己的旅馆还需要不断改进，直到让所有来这里的人满意。

对产品服务进行准确定位是一门心理学，要想定位准确，就要从企业本身、目标客户和竞争者这三个角度来解析定位的方法，也就是企业要有高质量的产品服务，以达到满足目标客户的需求，打败竞争者。对此，产品服务应该进行以下定位（图4-7）。

企业自身	竞争者	目标客户
·对属性特色定位； ·对产品档次定位； ·对质量价格定位	·品类定位； ·对比定位； ·市场位置定位	·使用者定位； ·情感利益定位； ·功能利益定位

图4-7　产品服务定位

产品服务的准确定位就是企业在满足客户或消费者价格的前提下让他们得到舒心的服务。产品服务的定位是创业者针对潜在顾客的心理采取的一种行动，为满足消费者需求，创业者就应该想尽一切办法提高产品服务的价值，找准产品服务在目标客户心目中所占据的位置。

4.3 新产品的创意开发

当今社会,各企业运用先进的科学与技术,再结合自己的创意生产出了新型产品,企业间的竞争越来越激烈。创业者如果在日新月异的市场上站不住脚,将面临失败的结果。创业者要想在市场立于不败之地,就要不断地创新,不断开发新产品,这样,才能在当今市场上占据领先地位,获得投资人的青睐。

创业者想要发挥自己的创意潜力,开发出受大众喜欢的产品,就需要具备以下5个要素(图4-8)。

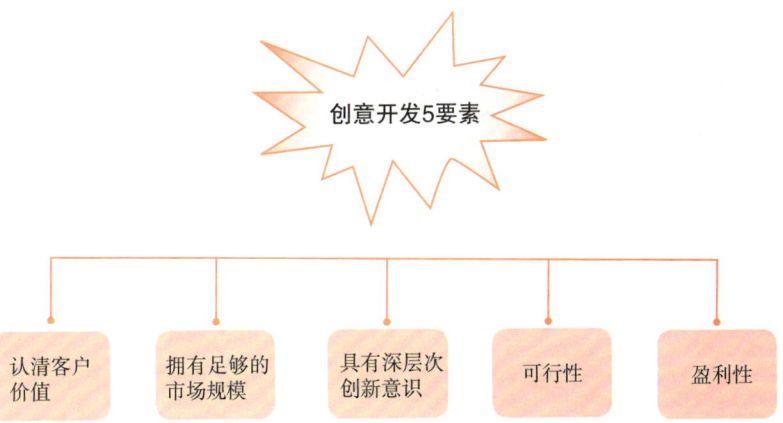

图4-8 创意开发5要素

新产品的开发来自于一种创意，那么，创意又源自于哪里？新产品创意的来源有多种渠道，其中，消费者是必不可少的。除此之外，还有研发产品的人、竞争者，等等。新产品创意的来源如图4-9所示。

当前消费人群	·用心观察当前产品使用者，了解他们的诉求，根据顾客的使用和反馈情况获得产品创意
产品研发者	·产品研发者在新产品创意中起着关键性作用，一个企业应该重视科研者所具备的专业知识和科技水平
竞争者	·时刻关注竞争者开发与推销的新型产品，根据消费者的使用情况来了解产品，了解消费者诉求，以获得创意灵感
从书中得到启发	·通过查阅资料，找到触发产品创意的点，让自己有清晰的思路，有新的创意开发新产品
学会沟通	·可以从企业高层管理、推销者、销售商、研发者等群体了解市场需求并进行沟通，以打开创业者思维

图4-9　新产品创意来源

> 案例

某服装公司想要设计一种最新款式的服装，因为之前的衣服款式已经不受当今消费者的喜爱，公司相关负责人决定设计一款受大众喜爱的服装。公司开发部门和高层管理人员进行沟通，同一时刻，

第4章 商业模式：告诉投资人你们靠什么赚钱

高层管理人员也提出了相应的策略，开发部负责人从高层管理人员的构思中产生了创意。有了创意之后，他们接下来开始设计新款衣服，出样品投入市场试销售。从消费者购买衣服的情况来看，这一款衣服还是很受喜爱的。于是，公司开始大批量地生产这一款式的衣服。一段时间里，这款衣服在当地的销售量位居第一。

拥有了好的产品创意，接下来就开始新产品的开发。对产品的开发是一个循序渐进的过程，创业者需要一步一步来操作，如果其中的一个环节无法继续进行，接下来的工作也将寸步难行，甚至直接影响到产品的销量。在新产品的开发上，创业者应该予以高度重视，不可忽视任何一个环节。一般情况下，新产品的开发分为以下几个步骤（图4-10）。

步骤	说明
产品创意	在相同的领域获取产品创意，或提升想法
概念开发和测试	通过测试知道客户对产品概念做出的反应，适时改进
产品开发和测试	让客户使用新出样品，并给出建议，适时改进
市场测试	通过销售额体现营销和生产技能
做出新产品是否退出市场决策	从行业、政策、客户等各角度考虑，做出最终决策

图4-10 新产品的开发步骤

新产品的创意开发是当今科学与技术迅速发展的必然要求。企业新产品的出现能够加快产品更新换代的速度，同时还能顺应时代，贴合提高消费者的生活水平。新产品只有赢得了消费者的青睐，才能得到投资人的信任，让投资人投资，帮助创业者的新产品在市场上占据领先地位。

4.4 现有产品的研发升级

商场如战场,企业新产品适应消费者的需求,就会在短时间内获得消费者的青睐,企业也会获得相应的利润。但如果产品在较长的一段时间内不更新换代,未来一段时间内就会面临被淘汰的危险。这是必然的,因此,在新产品获得利润的同时,为使产品能长久适应市场,企业应该对产品进行研发,让产品升级,不断地满足消费者的需求。

现有产品的研发升级就是在现有产品的基础上,采用先进的设备,利用先进的技术,生产出先进的产品。企业对现有产品进行研发升级,就是为了达到以下目的(图4-11)。

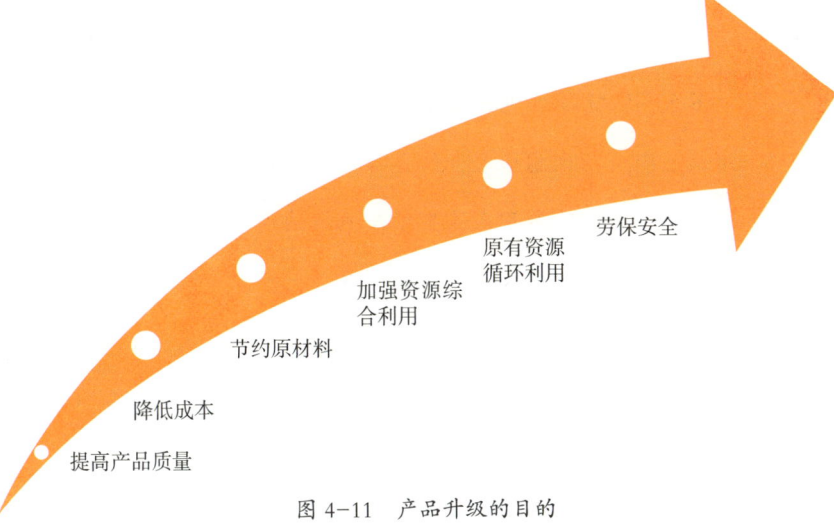

图4-11 产品升级的目的

现有产品升级之后,产品的质量会更有保障,功能更加齐全,给消费者的生活带来更多便利。现有产品研发升级是产品发展的客观规律,使企业在市场竞争中立于不败之地。一般情况下,产品都具有一定的寿命,消费者使用到一定的程度,一定会再购买新的产品来替代原有产品。这时候,创业者就应该在短时间内进行筹划,让产品升级换代,以适应消费者的需求。

> 案例

郭某是一名厨师,他去外地学习海鲜的烹饪方法。学有所成归来,他继续为原来的餐厅打工。附近很多人都非常喜欢他做的食物,有的时候,一些老顾客还带来一些新顾客。这时候,郭某有了一种想法,就是自己辞去现在的工作,去一个繁华地带开一家属于自己的店。

不久,他就辞去现有工作,选好了位置,开起自己的小店。一开始,小店的生意很火,他也赚了一些钱。但没过几个月,他发现,人们就不愿意来这里了。他很纳闷,觉得自己做的海鲜这么好吃,为什么人就越来越少呢?一天,他偶然间听到一桌的客人聊天说:"这家的海鲜非常美味,但每次一来都是这些东西,我们都吃腻了,下次去别的餐馆看看吧!"郭某恍然大悟：原来顾客越来越少的原因是这样啊！

之后，郭某又开始学习了新式菜品的做法。渐渐地，他这里的顾客又多了起来，而且一些老顾客还经常会带一些新顾客来。郭某的餐厅生意又火了起来。

做好产品的研发升级需要做到以下几点（图4-12）。

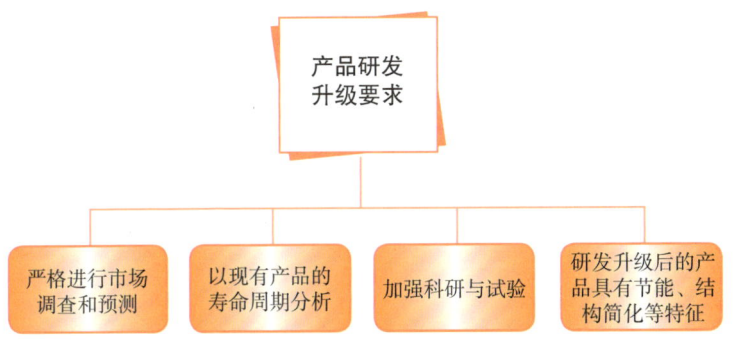

图4-12　产品研发升级要求

严格进行市场调查和预测，让升级后的产品更赢得消费者信赖，让升级产品有据可循；以现有产品的寿命周期分析，确定二代产品的投入期，进而对第三代及第四代产品做出研制规划；加强科研与试验，创业者可以利用一切有利条件全身心地投入对现有产品的研究；经过研发升级后的产品要具备节能、结构简化等优点，消费者会和原有的产品进行对比，如果经过对比后的升级产品确实比原有产品能够带来更多满足,就让消费者产生购买欲望。

4.5 提升产品的竞争力

企业产品竞争力的高低除了与产品的品质有关之外,还和企业在市场获得的领导地位密不可分。创业者在商业计划书中构思与撰写产品和服务这部分内容时,往往会为如何撰写好产品和服务的核心竞争力而绞尽脑汁。创业者既想通过企业产品和服务的优势体现出企业的核心竞争力,但又怕其他企业效仿本企业的产品创意,如果对方生产出品质差的产品,势必会影响到本企业产品的销售,以致为自己产品日后

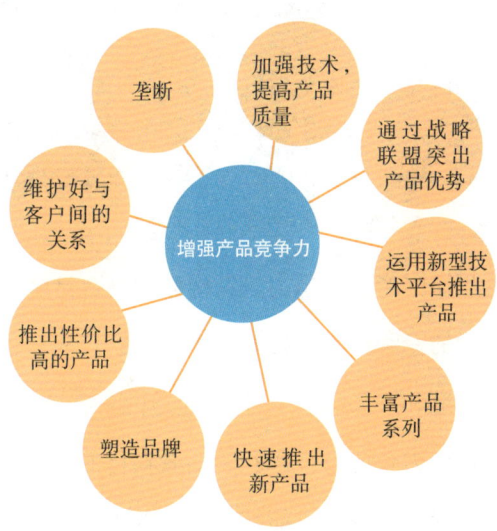

图 4-13 增强产品竞争力

的营销带来一定的困难。

企业想要增强产品竞争力,首先就应该保证产品的质量和按时供给。除此之外,还应该保证产品的功能、服务、品牌等,通过一系列的合理措施,企业可以将自己的产品打造得与众不同,以获得投资人的青睐。作为创业者,应该从如图4-13所示几方面入手增强本企业产品的竞争力。

垄断的力量非常强,而垄断的经济价值又是很大的。如果一个企业拥有垄断能力,就会为自己的产品制定一个远远大于产品成本的价格,以获得高额利润。一般情况下,企业的垄断主要包括以下三个方面(图4-14)。

市场垄断	技术垄断	原材料垄断
·利用新型技术和创意产品的差异化让企业迅速占领市场,获得高利润	·根据某项专利或机密技术让产品在竞争中立于不败之地	·通过控制上游原材料达到控制下游的产品市场

图4-14 企业的垄断类型

企业要想增强产品竞争力,就应该提高自己的研发实力,拥有属于自己的专利产品和技术,确立知识产权。企业可以通过制定技术标准和产品标准,并与行业中各种社会关系进行有效沟通,以达到为企业的技术和产品做宣传的目的。

创业者形成战略联盟,能够使自己的力量变得强大,通过团队的力量来和竞争对手较量。尤其企业进行产品联盟，既可以弥补自己产品存在的不足，又可以让产品变得多元，使产品竞争力增强。

> **案例**

刚刚大学毕业的张某和几个好朋友一起创业，他们开了一家小公司，利用1年的时间研发了一款软件。这款软件的主要功能是导航，能轻松地解决人们识路的难题。张某和几个朋友商量过之后，决定和当地最大的软件公司形成战略联盟。这样，他们就能先在市场上占有主导地位。果然，张某和他朋友的这一决定使得他们的公司在短时间内就占领了市场。他们研发的软件一路畅销，同时，这款软件也为消费者出行带来了便利。

技术的进步为创业者提供了发展动力和产品展示的机遇。如果创业企业能够抓住先进技术的优势，利用新型技术开发新型产品，或对产品做出调整，就能让最新的产品在竞争中脱颖而出，这也是企业增强产品竞争力的有效手段。

如果有很多个细分市场同时存在，企业只进入了部分细分市场，那么其他细分市场中存在的竞争对手将会一直发展下去，慢慢地，企业将会错失良机，被竞争对手打败。企业要想扭转乾坤，就必须进入更多的细分市场。要想达到这一目的，就必须推出新产品，丰富产品系列，尽早在市场上占据领导地位。

快速推出新产品也是一种增强产品竞争力的有效方式。在这个商业竞争激烈的社会，争取时间是一个值得高度重视的问题，也就是创业者要将注意力集中在推出新品的速度上。如果产品在短时间内推出，企业要及时获取消费者的反馈意见，做好售后服务，在此基础上，对产品进行调整与更新。

企业产品塑造品牌同样可以增强产品的竞争力，因为产品塑造品牌具有以下优势（图4-15）。

图 4-15 塑造产品品牌的优势

有一种情况，创业产品进入了一个强势的企业行业，产品的品牌、技术等方面都不占优势，这时候创业者就应该依靠产品的性价比来赢得更多的消费者。要知道，性价比高的产品最容易获得消费者的青睐。

创业者提升产品竞争力还有个关键的因素，就是注意维护好与客户间的关系。当然，创业初期，创意性产品因为没有竞争对手而在短时间内获得高额利润，但随着时间的推移，产品难免会被其他人模仿，或有其他产品来替代，此时再想获得高额利润就困难了。创业者要明白，从创业初期就应该和每位客户搞好关系，因为开发一个新客户的成本要远远大于与老客户维持关系的成本，创业者应该运用有效方式维护好客户关系。

第 5 章

营销计划：告诉投资人你们用什么办法赚钱

> 营销计划是衔接企业产品与客户的纽带，商业计划书中应该有行之有效的营销方案，如产品策略、价格策略、渠道布局和促销手段等，以此告诉投资人，我们只要执行下去，就能赚到钱。

5.1 成熟有效的营销方案

制订一份成熟有效的营销方案是说服投资人最有效的方法，也是市场营销人员应具备的基本能力。市场营销人员在制订营销方案的时候一定要对市场进行分析，一般情况下，营销方案的制订需要完成以下几个步骤（图 5-1）。

图 5-1 营销方案的制定步骤

首先是产品构思与设想，需要为描述产品与服务而选择需求，同时还需要对市场和市场存在的机会给出合理解释；其次是市场调研，它对创业者为投资人展示市场研究报告起到了重要的作用，是商业计划书中必不可少的内容。市场调研能够让创业者及时而全面地获得相关资料，以协助创业者做出合理判断，进而更好地完成商业计划书。市场调研流程如图 5-2 所示。

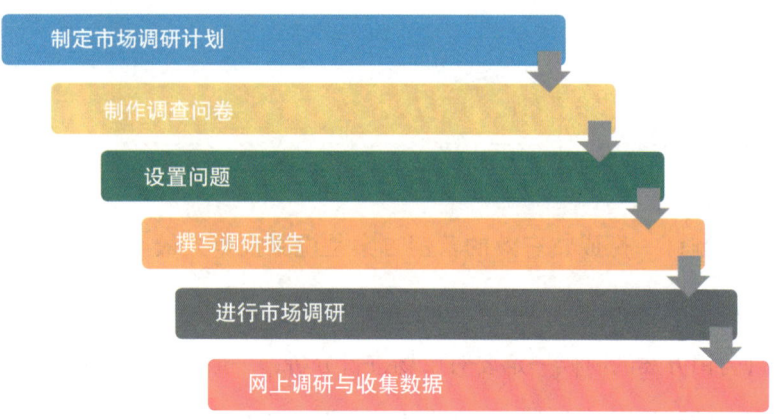

图 5-2　市场调研流程

创业者在进行了市场调研之后,就要进行市场定位和客户选择。这样一来,产品与服务的细分市场和目标客户就基本确定下来了。接着就应该抓细节,深入研究市场中存在的竞争对手和其他影响创业项目正常运作的因素。

如图 5-3 所示,创业者的营销策略体现在商业计划书中时,要以产品的特点和消费者实际需求为核心来制定。实质上,营销策略的成功与否与产品策略、价格策略、渠道策略和促销策略密不可分。营销策略的制定需要由企业当前的发展阶段和创业项目在市场所占据的位置来决定,进而做出一定的调整,以达到满足消费者的需求目的,让消费者觉得物有所值。当然,过程中离不开企业与消费者之间的沟通。销售预测是创业者根据市场分析而获取的,投资人根据商业计划书中的销售预测能够轻而易举地理解营销目标和财务报表。

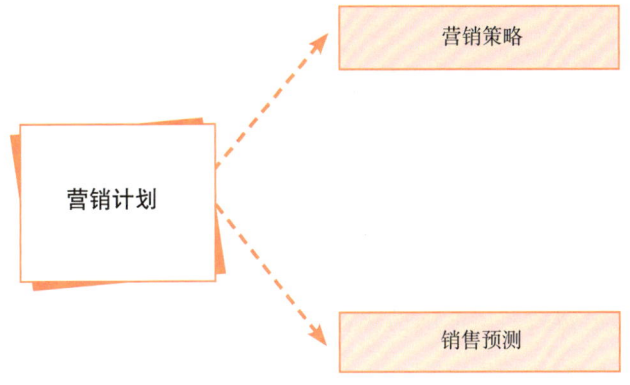

图 5-3 营销计划内容

> 案例

周某是一家魔术团体的负责人,一直以来,他的经营理念都离不开魔术,强调把握魔术互动性,突出表演艺术,最后达到满足观众好奇心的目的。每次,他和自己的团队去一个地方表演,总会提前对周边的居民实施调查访问,了解他们喜欢看什么样的魔术表演。如果他们喜欢搞笑类的节目,他就会对原来已经排练好的节目进行调整;如果他们喜欢新奇的道具,他就会提前购买一些道具,再进行加工,让人眼前一亮。这样,但凡人们有什么需求,他都会想尽办法满足他们。通过这种方式,他拉近了与观众之间的距离,让他们爱上魔术,爱上自己的团队。

现今社会,相同性质的产品层出不穷,质量、价格、材质也相差无几,有的时候,同种类型的产品在外观上也几近相同。随着科技的进步,产品也在不断地升级,在此过程中,产品、品牌、渠道和资源的竞争也会随之加剧,最终的目的是赢得消费者对产品的信赖,也就是提升产品在消费者心目中的地位。

一个企业,尤其是一个创业企业,如果产品在消费者的心目中没有树立高大的形象,那么一切的努力都是无用功。如果创业企业处于这种境遇,就应该通过以下营销方案来解决(图5-4)。

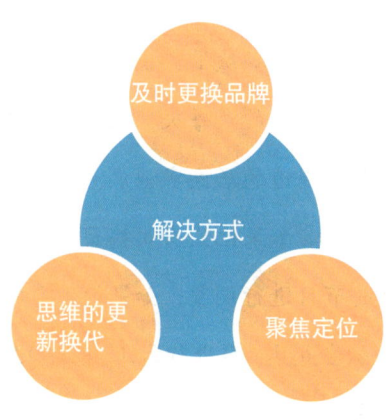

图 5-4　解决方式

创业者将创业产品投入市场，在未知的市场环境中，如果这一品牌的产品无人问津，就应该根据实际情况及时更换产品品牌，让消费者认可，以便产品销量上升。

产品的聚焦定位是将多款产品精减到几款，甚至是一款，以让创业产品精益求精。聚焦后的产品具有统一的资源配置、协同作战的资源调配，再加上强大的力量做支撑，最终集中所有力量"攻击"市场。

传统的企业运用传统的方式设计出传统的品牌，并不能适应当代科技飞速发展的要求，需要创业者不断地更新思维，多了解市场，多了解竞争对手，多了解消费者的需求，为自己营造一个学习的环境，让自己有个学习的过程，以让自己的思维跟得上时代的发展。通过营销创新让创业产品适应市场，最关键的是让投资人看到创业者未来具有很大的盈利空间。

5.2 行之有效的产品策略

一个企业，如果没有产品，那么价格、渠道和促销就无从谈起，所以说产品策略是价格策略、渠道策略和促销策略的分析基础，企业产品做得好，消费者与客户才会从根本上认可创业企业。创业者如果在商业计划书中很好地体现产品策略，就能让投资人看到产品的价值所在。

产品策略主要包含如图 5-5 所示内容。

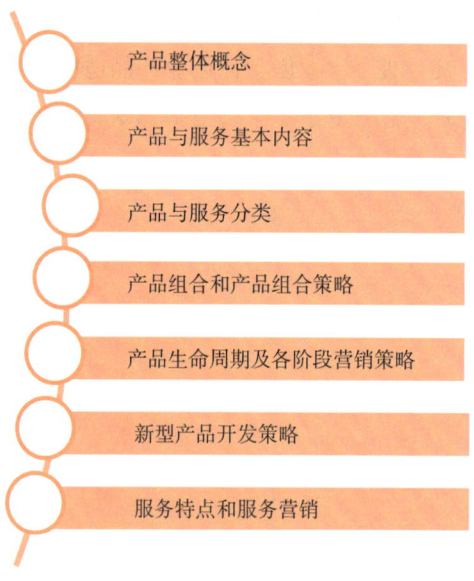

图 5-5　产品策略内容

产品的整体概念分为以下五个层次（图 5-6）。

核心产品
- 产品营销的基础，为消费者提供最基本的效益和利益

实体产品
- 基础产品的表现形式，以此来实现产品的基本效用来满足消费者

期望产品
- 产品达到消费者的期望水平，获得消费者好评

拓展产品
- 消费者购买了产品后得到附加服务和利益，实现回购与扩展客户的目的

潜在产品
- 是一种承诺、期待，最终会达到的所有附加价值与新转换价值

图 5-6　产品的整体概念

产品与服务是指企业向市场提供让消费者或客户满意的产品与服务。产品可以满足消费者物质上的需求，而服务可以让消费者的心理满足，让消费者获得附加利益，对企业产生信任和依赖。此为产品与服务的整体概念。

企业开发与营销产品，必须要为消费者介绍产品的基本内容。产品的基本内容包含以下几种（图 5-7）。

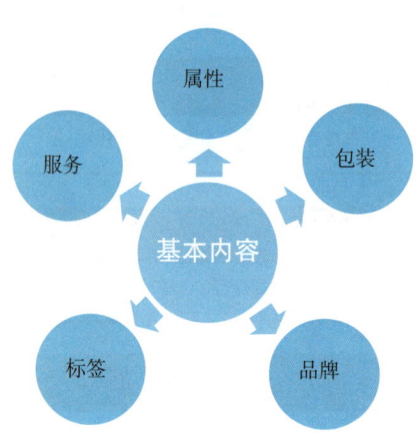

图 5-7 产品的基本内容

产品的服务指产品为消费者提供的利益,既包括使用价值,又包括为消费者提供的效用与需求。这些都应该通过产品和服务的质量、特征和设计等来体现。企业应该根据产品的实际情况来定位市场,让产品的属性符合所选市场的需求,这一过程也就是对产品属性的定位。产品包装指既美化产品外部结构,也包括对产品容器的生产与设计,企业对产品的包装形式多种多样,其中有同步包装、等级包装、变换包装盒和再使用包装等。产品包装最终实现的目的是保护产品、促进销售、增加利益和运输便利。而由此就会引出产品的另外两个基本内容即产品的标签和品牌。产品的标签是产品基于自己的服务、属性、包装等内容留在消费者心中独特的直观印象。而这产品标签在消费者心中形成后就会与产品的商标一起成为产品的品牌，在以后的销售过程中产生品牌效应，成为企业的无形资产。

> **案例**

同城有两家生产牙具的企业，其中一家制作牙刷时选用了最好的材质，另一家只选用了一般材质，而且在制作其他用具如清洗牙的用具时，也都是如此。两家企业生产出的牙具自然在市场的定位上也存在一定的区别，使用好材质的这家企业的牙具虽然在价格上要高于另一家企业，但通过消费者的使用反馈情况，得到广泛认可。质量值得消费者信赖，使用效果也很好。渐渐地，另一家使用一般材质制作牙具的企业被市场淘汰了。

一个企业在较长的一段时间里不应该只生产一种产品或提供一种服务。时代在不断发展，企业可以同时生产多种产品提供给消费者。当产品与服务处于生命周期的不同阶段时，为避免风险和有效配置企业资源，可以将多种密切相关的产品项目进行有机组合，实现产品与服务的优化组合。创业者进行产品组合的目的就是赢得消费者的信赖，这时候，创业者就应该在市场调研的基础上结合市场需求、竞争情况、外部环境、企业实际情况达到最终的营销目的。

企业的每一种产品都应该循序渐进地进入市场，基本上具备周期性特点。对应地，创业者在产品生命周期的各阶段也应该具备相应的营销策略（图5-8）。

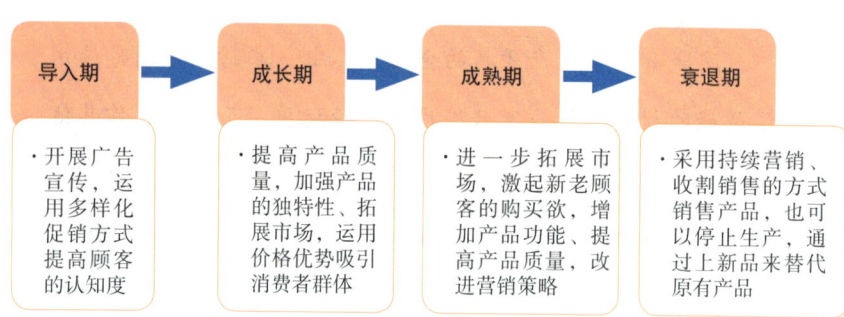

图5-8　产品的不同生命周期阶段的营销策略

市场新产品最主要的是产品更换新的属性，得到消费者的认可与信赖。企业新品的开发也就是在产品方面不断创新，对产品进行改进，直到顾客满意为止。一般情况下，新产品的开发步骤如图5-9所示。

图5-9　新产品开发步骤

企业进行新品开发，行之有效的方法是要调动消费者的积极性，让他们参与到产品的设计与开发中来，这样才能生产出让消费者满意的产品。

服务特点与服务营销的最终目的是创业者采取无形的服务赢得消费者的满意。服务类企业包括酒店、中介公司等。一般情况下，服务类企业具有无形性、不可分割性、可变性、和易消失性特点，由服务特点可以看出服务与实体产品不同，服务的过程与企业内部员工的参与和支持息息相关。

服务营销包含外部营销、内部营销和互动营销。在服务类企业里有三个主体，分别为企业、员工和客户，企业和员工之间是内部营销，企业和客户之间是外部营销，而员工和客户之间是互动营销。服务的提供者以高质量的服务水准向客户提供服务，这就证明了企业具有高水准的服务营销模式，同时也证明企业赢得了消费者信赖。

5.3 灵活多变的价格策略

在市场营销中，产品服务价格的高低直接影响到盈利情况。在市场上，价格可以随着市场的变化或消费者的需求做出改变，以此来进行价格策略。价格策略是企业在市场竞争中获得一席之位的有效策略。在此过程中，创业者也要遵守市场规则，合理定价，否则将会使企业的销售额和利润率受到影响。

价格，广义上指客户为获得、拥有或者使用某种产品和服务利益而支付的价值，这种价值可以直接通过货币支付，也可以通过间接的方式，如分期付款等方式；狭义上指为产品和服务收取的货币总额。价格策略指企业通过对消费者需求的估测与成本的分析，进而寻求一种可以吸引消费者，同时符合现实市场营销组合的策略。一般情况下，价格策略都应该符合以下几个条件（图5-10）。

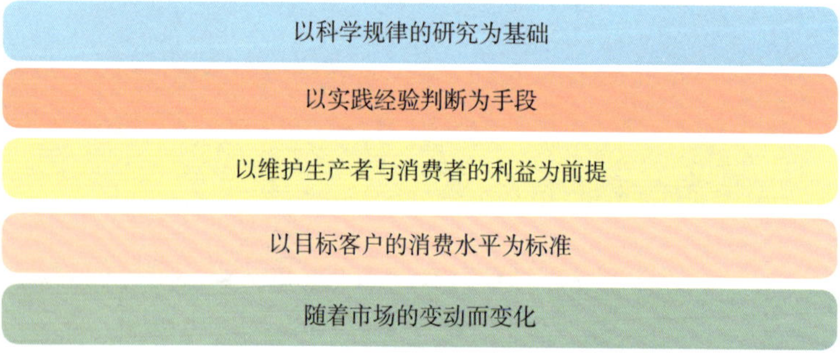

- 以科学规律的研究为基础
- 以实践经验判断为手段
- 以维护生产者与消费者的利益为前提
- 以目标客户的消费水平为标准
- 随着市场的变动而变化

图5-10 价格策略应符合的几个条件

通常情况下，创业企业的创业项目在进入市场之前要进行定价，而创业者对此毫无经验，在产品服务的定价上难免会出现两个极端，那就是定价太高或定价太低。如果产品服务的定价太高，创业者为创业产品的定价远超生产产品的成本，消费者会感觉到产品价格高于其价值，自然就不会购买产品；如果产品的定价太低，创业者为产品的定价低于生产产品的成本，消费者购买了产品，但企业却出现亏损。为此，创业者在为新型产品定价时，既要考虑产品的成本，又要考虑消费者对产品价值的认同，这样才能制定出合理的价格策略。

企业在创业初期，因为大部分产品都是第一次进入市场，所以产品的定价策略会和一般产品的定价存在差异。通常情况下，新产品的定价策略有以下三种（图5-11）。

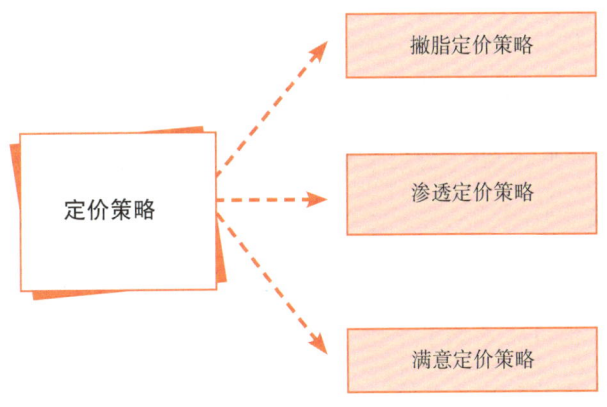

图5-11 定价策略分类

撇脂定价策略为一种高价格策略，也就是创业者在新产品刚上市时制定较高的初始价格，以求在短时间内获得最大利益。到后期，创业者再逐渐降低产品的价格，以求产品在市场上的稳定性，从而获得利益。这种价格策略在短时间内可以获取最大的利润，当竞争进入白热化状态，创业者就立马采取降价策略，以防止竞争者的进入，同时，这种价格策略也符合消费者对价格调整的需求。

案例

陈某经营了一家品牌服装店，店里有一款衣服质量不错，顾客每次来店里购买衣服时都会选这款衣服。最近这个品牌的衣服又有了一种新款，但价格相对较高，生产数量也有限。陈某提前登出了广告，说这款衣服数量有限，质量绝对有保障，不过价格却要比以前的衣服相对高了很多。老顾客得到了这个消息，有打电话提前预定的，还有直接来店里抢购的，3个月的时间里，这款衣服卖得非常火热。3个月之后，也到了换季时期，陈某感觉到换季时期了，于是将衣服的价格调低了一些，又有一批顾客购买了这款衣服。慢慢地，他将衣服的价格又调低了一些。不过，他调到最低价格时也没有低过这款衣服的成本价。最后，这款衣服售罄。

渗透定价策略为一种低价格策略，创业者利用新产品短时间内在市场上较低的价格来吸引消费者，以达到打开市场、获得较高市场份额的目的。但制定这种价格策略的时，注意产品定价不得低于成本价。创业者也可以通过这种定价策略达到薄利多销的目的，但这种方式方法需要符合以下条件（图5-12）。

1	2	3
·市场对产品价格敏感，实施这种定价策略会带来巨大市场份额和销售量	·企业产量逐渐增加，单位产品平均成本降低	·能有效排斥其他企业产品，为其设置障碍

图5-12　渗透定价策略的实施条件

满意定价策略介于撇脂定价策略和渗透定价策略之间，其所指定的价格要低于撇脂价格，高于渗透价格。一般情况下，这种定价策略可以让生产者和顾客都满意。

价格策略多种多样，定价的方法也很多，企业在为产品定价时，除了要考虑以上三个方面之外，还要考虑产品价格是否符合市场要求。综上所述，我们可以将定价的方法分为以下三类（图5-13）。

成本定价法	·指企业在生产、分销和销售产品成本基础上，再通过目标利润而制定价格的方法
需求定价法	·指企业以客户的价值感知为基础而制定价格的方法
竞争定价法	·指企业根据竞争对手的战略、营销目标、产品和服务的成本与定价而制定价格的方法

图 5-13　产品定价法

企业实施价格策略的最终目标就是促进销售、获得利润。在此过程中，企业需要考虑成本的补偿，同时还要估计到消费者是否愿意接受这一定价。简而言之，价格策略所要实现的目的就是让买卖双方都满意，让价格随着市场变化而实现营销的灵活性。

5.4 稳健高效的渠道布局

营销渠道指产品的所有权从生产领域向消费领域转移过程中的途径与通道。营销渠道布局又称为营销渠道策略，这一布局是整个营销系统的重要组成部分，对降低企业成本和提高企业竞争力具有重大作用。这一布局是营销计划工作中的重点。营销渠道会随着市场的发展而变化。

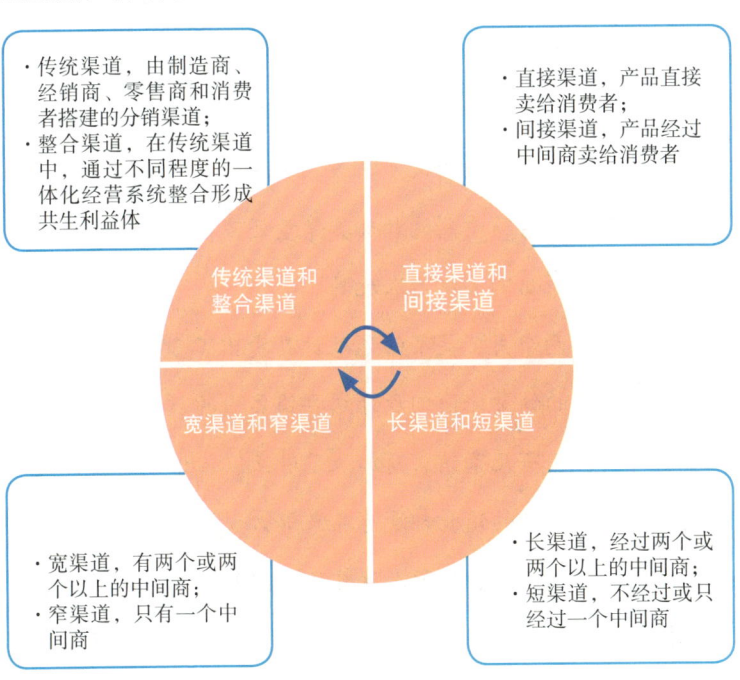

图 5-14 营销渠道类型

一般情况下，生产商不会将产品直接卖给消费者，绝大多数企业都会将产品推销给中间商，再由中间商将产品推向市场。一个企业的营销渠道策略一旦不能顺利实施，必定会影响到其他营销决策的实施，企业要想成功开拓市场，实现销售或经营目标，就必须拥有稳健高效的渠道布局。一般来说，营销渠道具有如图 5-14 所示几种类型。

> 案例

2017 年，吴某的企业生产出了一批机器人玩具。吴某为了让这款机器人玩具快速地到达消费者手中，他选择采用宽渠道营销。他选择了 3 家销售商，当其中的一家销售商将机器人玩具销售出去之后，接着又有很多人来销售商这里购买这款玩具。其他两家销售商看到这款玩具销量还不错，争先恐后争取客户来他们的商店购买机器人玩具。

在短短的两个月，吴某的这款玩具卖出了 500 万个，可以说，这款玩具的销量比他们原计划要销售出的数量还要多。没过多长时间，又有几家销售商加入了进来，但这个时候，吴某发现，机器人玩具的销量却没有原来那么火爆了。吴某通过考察市场发现，因为销售机器人玩具的中间商太多，消费者觉得这种机器人玩具随处可见，不觉得稀奇，自然也就没有了购买的欲望。对应地,销售商见这款玩具销售得不好后,自然也就没有了为消费者推销的积极性。这时,吴某就想,既然这种销售渠道遇到了瓶颈,那么就需要改变一下营销渠道策略了。随后,他就和自己的创业团队一起开始商讨另一套销售玩具的方案。

创业者布局营销渠道之前,首先要对营销渠道进行设计。创业者在创业初期应该有目的地进行渠道研究与决策制定,了解消费者真正的需求,制定渠道目标,确定渠道方案,同时进行有效评估。营销渠道是客户价值传递系统其中的一种,每个渠道成员和层级都需要为客户增加价值,因此,创业者需要清晰地了解以下几方面的内容(图5-15)。

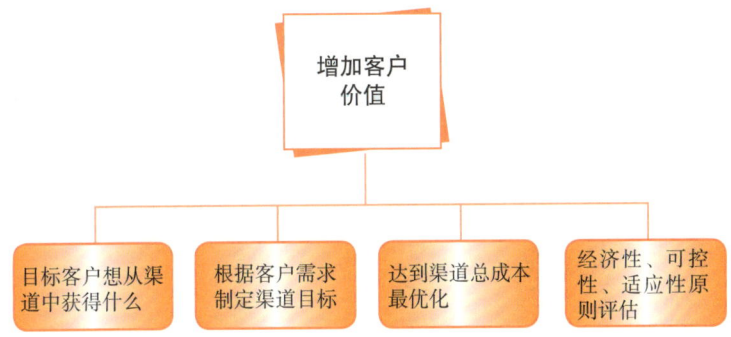

图5-15　增加客户价值

稳健高效的渠道布局具有很重要的价值,合理的营销渠道布局不仅可以提高企业的营销效率,还可以在一定程度上降低成本。企业将产品交给中间商,让中间商销售的原因是,中间商在往目标市场推销产品更具有优势,他们熟悉市场,有客源。企业要让产品在目标市场和目标客户中立足,就需要一定的时间开发,这样反而降低了营销产品效率。同时,企业如果直接销售产品,必定需要收集目标客户的相关信息,了解竞争对手的相关情况等。企业在展开这些工作时,必定需要动用人力和财力。如果企业将这些事交给中间商来做,那自然省时省力,节省成本。

随着经济的发展,科技的不断创新,营销渠道也会不断变更,但无论创业者运用什么样的营销渠道销售产品,最终都是为了赢得消费者,快速进入市场和获得市场竞争力。未来,企业可以创新营销渠道策略,在原有的基础上提高效率,降低成本,在短时间内将产品销售出去。

5.5 高效创新的促销手段

促销手段亦称为促销策略,指企业运用有效的方法让消费者认知产品,注意产品,并对产品产生兴趣,进而愿意花钱购买产品。企业能够在营销市场上创造顾客价值,同时还要运用有效的方式去沟通这种价值。创业者应该运用高效而有创意的促销手段为消费者传递产品相关信息,让顾客在短时间内接受产品促销信息,并增加他们的购买欲。

企业为促进销售而采用多种形式的促销手段将促销信息传递给中间商,再由中间商通过有效促销手段建立起消费者与产品服务之间的亲密关系,从而达到成功传递促销信息的目的。一般情况下,促销的方式方法分为两大类(图5-16)。

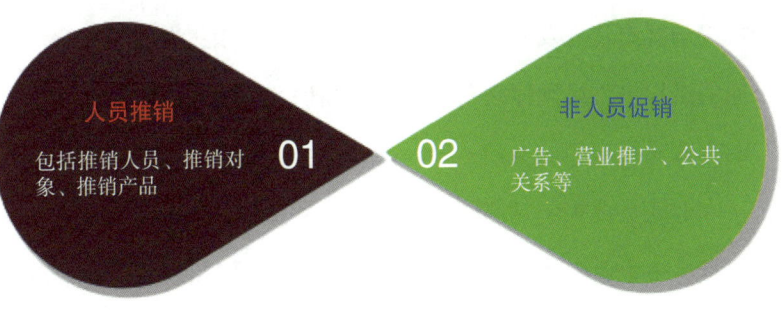

图 5-16 促销方式

人员推销，指企业委派销售人员向消费者直接推销产品和服务，属于直接销售方式。人员推销有三种形式，即上门推销、柜台推销和会议推销。与其他推销方式相比，人员推销具有以下特征（图5-17）。

图5-17　人员推销的特征

销售人员拜访客户之前，必须要做好充分的准备，了解消费者的基本情况，以便于采取适合消费者容易接受的方式销售产品。销售人员在与客户面对面交流时，要随时观察客户的表情，注意客户的言语，要从客户的表情及言语中获取有用的信息。销售人员应该以最好的状态向客户展示产品最好的一面，达到以最好的状态向客户展示产品信息的目的。销售人员与客户面对面沟通，不仅可以直接将产品相关信息传递给客户，还可以与客户建立友好的关系，以促进销售。销售者在与客户沟通的过程中，必须体现一定的专业知识，这样才能以灵活多变的方式进行产品的推销。

非人员促销包含广告、营业推广和公共关系等促销方式。广告，指企业向相关媒体付费并委托媒体传递给消费者企业及企业产品、品牌。企业通过广告促销的方式可以在短时间内让消费者了解企业及产品品牌，同时，企业借助媒体的力量，可以让产品在消费者面前更具有说服力。这种促销方式可以让客户清晰地认识产品的质量、特征与使用方法，在一定程度上引导并激发客户去购买产品。一般情况下，企业应该通过以下广告形式进行产品的促销（图5-18）。

图 5-18　广告媒体类型

除此之外，企业还可以通过其他广告类型进行产品与服务促销，但每种广告促销都具备各自的优点与缺点，这就需要企业根据产品特点与消费者及市场需求来制定符合自身的促销形式，同时，还要从成本和媒体传播的有效性出发，以达到良好的广告促销目的。

营业推广,指企业采取各种短期方式刺激消费,鼓励中间商与各代理进行产品与服务的促销活动,引导消费。营业推广又称为销售促进,如广告可以为消费者购买某一种产品和服务提供理由,让消费者在短时间内快速做出决定,购买产品。营业推广可以通过抽奖活动、代金券、赠品、返点折扣等形式进行促销。在进行营业推广之前,企业必须面对一个很大的目标市场,而且还要选择消费人群较多的场合,让消费者在短时间内产生购买行为。

> 案例

某化妆品店即将举办周年店庆活动,店内相关责任人为店庆做出了这样的规划,他们首先对所有商品推出优惠券折扣活动,也就是店内所有化妆品,消费者凡消费满100元,就可获得一张现金折扣优惠券,消费依次累加。另外,生产厂家的一款祛斑化妆品库存较多,为此,店内策划人又专门推出了这款祛斑产品买一增一活动,活动时间仅限3天。

活动开始的第一天,这家化妆品店的顾客人数比平时多了很多。店内尤其是祛斑的这一款化妆品卖得较好,这一天,顾客开始疯狂地购买这一款化妆品。到第二天,这一款化妆品的库存量所剩寥寥无几。到第三天,当其他顾客得知这一消息之后，这款祛斑化妆品已经卖完了，于是，他们选择了有优惠券的化妆品。经过了3天的店庆活动，这家化妆品店盈利达到了10万元，同时还解决了一些化妆品厂家面临的库存问题，可谓一举两得。

营业推广的促销方式具备有以下特征（图5-19）。

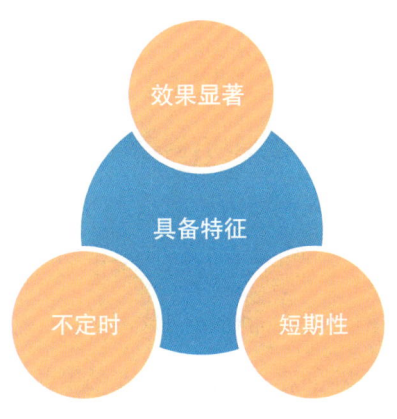

图5-19 营业推广的促销方式特征

公共关系，指社会组织运用双向沟通的方式协调组织内部和组织与社会公众相互之间的联系，让组织与社会公众之间建立友好关系，最终达到树立企业良好形象，促进产品与服务的销售目的。企业公共关系的责任重大，承担的任务较多，其负责收集新闻即将刊登的相关内容，以吸引消费者的关注度为目的；负责产品的宣传工作；建立与维护和各个地区的友好关系；维护和股东间的友好关系等。公共关系的基本特征如图 5-20 所示。

建立企业和社会关系	诚信、公平、共同发展	循序渐进、维持长期关系
·建立良好社会形象，建立长期合作关系	·此为公共关系的活动的基本原则	·不可急切，以长期活动为基础

图 5-20　公共关系的基本特征

企业需要有更加高效与具有创意的促销手段，最关键的是要建立与消费者之间完美的沟通关系。当前，消费者的需求在不断发生着改变，营销方式和营销环境也随之而变化，市场营销者将在新的营销环境中面临新的营销挑战，因此，促销人员需要开拓思想，不断创新，采用新的促销策略，去促进新产品的销售。

第6章

财务计划：告诉投资人你们靠什么盈利

> 在商业计划书中做出财务计划，目的是为了告诉投资人企业对相关资金的使用、经营收支和财务成果等信息，同时也能反映出企业预期的财务业绩。企业应该在商业计划书中制订合理可行的财务计划，进行企业运营的财务预测，保证财务计划的顺利实施，以达到企业盈利的目的。

6.1 合理可行的财务计划

投资人同意为企业投资,最关键的还在于投资人想要知道企业未来的盈利情况。投资人关注企业内部机构与投资项目的营销计划,而关于企业财务计划,其合理性是投资人最终决定究竟是否要投资的关键。

商业计划书中的财务报告是告诉投资人企业在过去、现在和未来的财务情况。创业者要在商业计划书中很好地体现企业财务计划。商业计划中的财务计划是指创业公司或企业对相关资金的使用、经营收支和财务成果等信息的文件,可以反映公司或企业的财务业绩。财务计划包含以下两种(图6-1)。

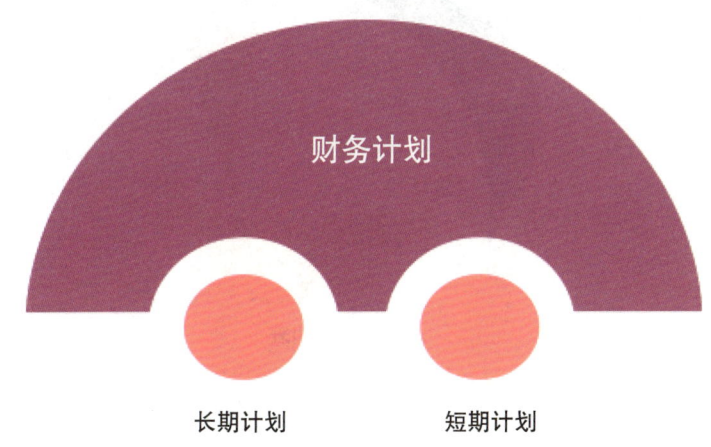

图6-1 财务计划种类

长期计划是指企业在 3 到 5 年内需要完成的工作任务计划；短期计划是指企业的年度财务预算计划。财务计划是企业在运营的过程中的一种价值化体现，投资人希望能从商业计划书中的财务计划中了解公司未来经营财务的盈利情况，从而对投资获得的回报做出判断。因此，创业者在商业计划书中制作财务计划一定要合情合理。创业者应该对公司所需的资金数量做出合理评估，以取得投资人对公司项目的信任程度。相反，如果财务计划不符合投资人的心意，就会给投资人留下不好的印象，这是对公司不利的。

财务计划主要包含三大报表的制作与分析，这三大报表主要包含如图 6-2 所示内容。

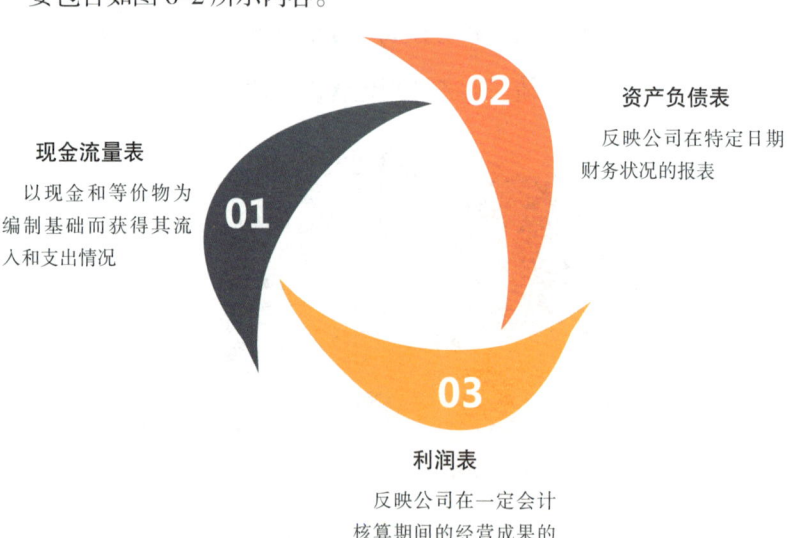

图 6-2　财务报表

流动资金是公司或企业的生命线，尤其是对于初创公司的运营与扩张，企业必须提前对流动资金做出周详的计划，过程中要严格控制资金的流动；资产负债表反映创业公司在某一时刻的状况，投资人可以通过资产负债表里的数据来衡量公司的经营状况和可能的投资回报率。财务部分除了需要给出3到5年的财务计划，同时还需要分析盈亏平衡点，以及资金的来源和使用情况；利润表可以让投资人看到创业公司的盈利状况，是公司运作一段时间后的经营结果显示。

案例

某企业为获得融资，在即将为投资人展示的商业计划书中展示了本企业的利润表。表格上展现本企业的收入状况让人一目了然。商业计划书中的利润表中指明了去年与今年的营业收入、营业成本和企业在营业过程中产生的费用。根据企业的营业利润是营业收入减去营业成本和企业所需费用的原则，投资人又根据企业去年的利润和今年利润的对比对企业做出了预测，觉得这家企业具有很大的提升空间。而且，企业利润表上显示企业在这两年里并没有亏损现象。同时，这家企业在各方面也符合投资人要求。于是，投资人决定为这家企业投资，并与其建立长期有效的合作关系。

财务计划的具体制订步骤如上图 6-3 所示。

确定计划、编制预计财务报表
· 运用预测技术分析经营计划对预计利润和财务比率的影响

确认支持长期计划需要的资金
· 包含购买设备等固定资产及广告宣传、存货等费用

预测未来一段时间即将使用的资金
· 由内部转向外部融资的资金进行预测

企业内部建立可以控制资金分配与使用的系统
· 便于基础计划的实施

制订并适时调整基本计划程序
· 基本计划与其依赖的经济预测和实际不符,应该做出调整

建立基于绩效的管理层报酬计划
· 重在奖励管理层按照股东想法经营

图 6-3　财务计划的制订步骤

一份合理的财务计划在商业计划书中发挥着重大作用,为创业者寻求资金奠定了坚实的基础。

创业者在商业计划书中制订财务计划,其中的数据和资料

- 反映创业企业预期的资金需求量，突出创业企业的资金需求计划
- 增强投资人的信心，鼓励投资
- 反映企业良好的财务管理能力
- 为企业的发展指明方向，找准核心

要真实、完整，整理分析当前会计核算资料时，应提前进行调查研究，多征求企业相关管理层与员工的意见。同时，企业编制的财务计划的各项经济指标要落到实处，而且还要建立和完善考核制度，做好不定期的检查监督任务。总之，企业财务计划要合理制订，同时还要落到实处，保证实施时的顺利进行。

6.2　公司运营的财务预测

公司运营的财务预测根据企业财务活动的历史资料,结合当前的运营情况,进而对未来的财务活动和成果作出科学的预测。财务计划并非是想象出来的,而是根据企业过去与当前的运营情况作出的假设。如果企业不能作出相应的财务预测,对应的财务数据也将起不到任何作用。对投资人来说,他们根据商业计划书中的财务预测可以评定财务计划的有效性。

企业在制作财务计划之前,需要先预测出以下六个方面的信息(图6-4)。

图6-4　预先预测信息

企业预期销售量在财务计划中是非常关键的预期数据,而且这一内容需要创业者花费大量的时间和精力来完成。企业预期销售量的准确度很重要，可以说，商业计划书中的整个营销计划都是为了预测企业预期销售量而做的。企业财会重要的两个数据还包含售货成本和毛利润，这些由生产成本与定价策略共同决定。这一部分数据，创业者应该在商业计划书中的营销部分作出详细说明。

对于想要获得融资的企业而言，应该在商业计划书中做出前几年的企业财务报表，根据这些数据对企业未来5年的财务状况，即现金流量、资产和盈利作出预测。企业可以根据当前发展状况确定未来年度可能实现的盈利目标，接下来再核对历史数据，根据这些数据来判断财务报表项目和销售的比例变化，再根据预测盈利目标确定每年的销售额，最后借助最新估计的销售额推断出历史模式，以此来估计单个财务报表项目。

> 案例

某企业生产学生课桌。过去两年里，这家企业课桌的销售情况还不错，如今企业相关负责人想扩大生产规模，需要投资人为企业投入一部分资金。投资人很看重这一项目，他们先让这家企业的负责人制作一份商业计划书。企业负责人将商业计划书交给投资人时，投资人认真阅读了商业计划书中企业的财务预测内容。

商业计划书中的财务预测内容里做出了前三年公司的财务报表，显示企业产品——课桌的历史库存为销售额的 30%，企业又对未来 5 年的财务状况进行了预测。他们预测接下来一年的销售额为 3000 万元。由此，他们又在财务预测报告中推出下一年的库存为 600 万元，以此类推。投资人结合企业公司现状和过去的财务报表和其他情况，觉得企业财务预测有逻辑，估计数值合情合理。投资人经过内部商议之后，决定为企业投资，让企业得到进一步拓展。

除此之外，创业者还应该根据不同的标志将财务预测进行分类（图 6-5）。

图 6-5　财务预测分类

第 6 章 财务计划：告诉投资人你们靠什么盈利

创业者不可以盲目地将财务预测加入商业计划中。凡事都讲求方法，根据企业面临的实际情况，企业运营时进行财务预测有两种方法，分别为定性预测和定量预测。定性预测是根据判断事物具备的各种因素、属性进行预测。这要求企业财务人员必须具备一定的逻辑思维，进行逻辑推理，而且还要具有丰富的工作经验，对财务预测能做出准确的判断。具体表现形式为相关工作人员看到材料，依靠个人的实际经验进行分析，

明确财务预测对象与目标	·由此才能根据预测目标、内容及要求锁定预测范围和时间
制定预测计划	·包括组织领导、人事安排、经费预算等预测工作
资料整理、筛选	·明确资料的收集方式与途径，明确内容，保证内容的真实性
确定预测方法	·其方法必须要有科学依据，同时要选择适当的方法进行预测
进行实际预测	·根据预测方法进行科学的财务预算，可用不同的形式表示
评价并作出修改	·保证最终预测值的准确性

图 6-6　企业运营的财务预测流程

然后对相关事物的未来发展做出预测。定量预测是根据事物面临的各种因素，或者其具备的属性的数量关系进行预测。相关工作人员可以根据事物的历史属性总结出内在规律，根据连贯性和类推性原则，再加上数字的准确运算，对未来事物的数量做出预测。

一般情况下，企业运营的财务预测流程如图 6-6 所示。

企业运营的财务预测的最终目的是为了体现财务管理的事先性。企业做出财务预测，一方面可以帮助企业财务人员认清企业未来发展的方向，让其对企业的未来有清晰的认识，同时，企业财务预测让财务计划的预期目标和未来可能变化的环境与经济条件相一致。另一方面，财务预测报告要在商业计划书中有明确的体现，这是企业以间接的方式告诉投资人如何盈利赚钱。科学准确的财务预测是创业者得到投资人青睐的有力保证。

6.3 财务计划的制订和实施

财务计划的制订以企业生产、销售、物质供应、劳动工资和技术组织及设备维修为基础。企业财务计划的制订与实施的最终目的是为了确立财务管理上的奋斗目标，获得投资人资金的支持，达到提高经济效益的结果。

财务计划的制订流程如图6-7所示。

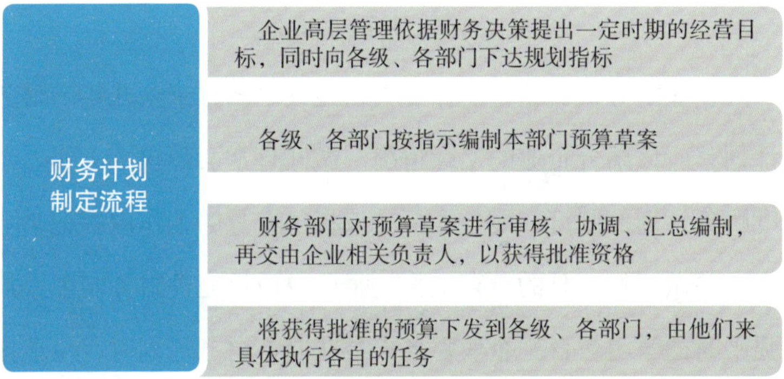

财务计划制定流程

- 企业高层管理依据财务决策提出一定时期的经营目标，同时向各级、各部门下达规划指标
- 各级、各部门按指示编制本部门预算草案
- 财务部门对预算草案进行审核、协调、汇总编制，再交由企业相关负责人，以获得批准资格
- 将获得批准的预算下发到各级、各部门，由他们来具体执行各自的任务

图6-7 财务计划的制订流程

财务计划是企业经营计划的重要组成部分，企业财务实施的一系列活动又是企业经营活动的表现形式，同时，财务活动又对经营活动起到了重要作用。企业财务应该制定合理

而科学的经济核算。这样一来，企业经营活动才可以达到要实现的经营目标。企业按照财务计划的内容，根据财务计划内容的要求来制订财务计划，财务计划可根据以下要求来制订（图6-8）。

按照年度性计划制订

按照月度性计划制订

图6-8　财务计划制订依据

企业财务人员制订工作计划，尤其是制订未来几年的财务计划，应该结合企业的实际情况，做好日常会计核算工作。月度财务计划的制订，财务人员应该将每个月的工作内容记录下来，并做好每个月的盘存工作。企业也应该完善财务制度，加强平时的学习教育。企业财务人员在制订财务计划时，应该根据企业核算要求和各部门的实际情况，按照会计法和企业会计制定的要求做好财务软件的初始化工作；配合会计师事务所对公司第七年度的年终会计报表进行审计，并按照相关部门的要求，完成会计报表的汇总和上报工作；配合外部审计机构对总公司上一年度财务收支情况进行审计，从而提高资金的使用效益；认真完成企业领导下达的任务，并完成相应指标的预算和制定工作；做好日常会计核算工作，如编制会计凭证、编制相关会计报表、及时装订会计凭证等工作；帮助销售部了解货款回收情况，并做好货款回收工作；积极筹备资金，保证企业的运营顺畅。除此之外，财务人员还应该努力完成公司董事会交代的相关任务。

案例

2018年是某公司飞速发展的一年。这一年，像往常一样，某公司结合实际情况，让财务部做好日常会计核算工作，以达到为消费者提供最好服务的目的。除此之外，这家公司还进一步完善了公司财务制度，推进规范管理，保障公司能够做大做强。

这家公司制订了财务计划，认真管理、核算，并监督指导部门，根据企业发展规划编制和下达企业财务预算，接下来还对预算的实施情况进行有效管理。他们对公司的生产经营和资金运行情况进行了科学的核算。公司财务部门做出的财务预测、财务决策、财务预算、财务控制和财务分析在未来的一段时间里大大地提高了公司的经济效益，让公司在未来的发展中充满了希望。

企业财务计划的制订方式多种多样,一般可分为以下四种(图6-9)。

图6-9 企业财务计划的制定方式

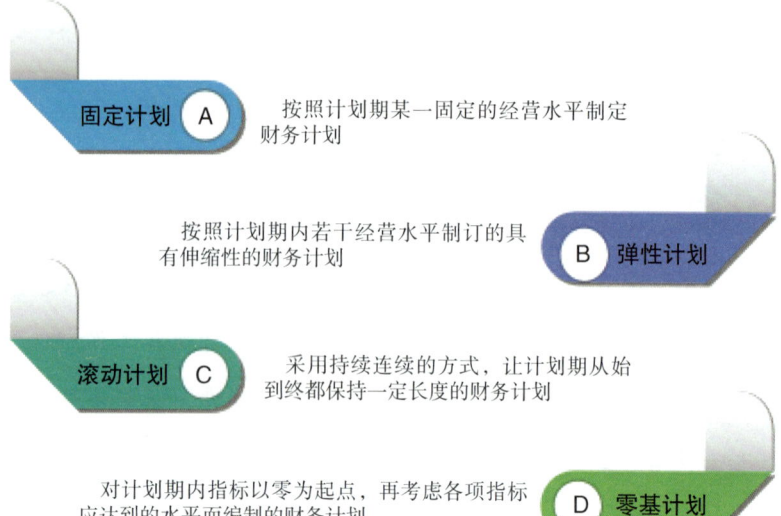

企业财务计划的实施,应该根据制订的相应计划将各项经济指标分解并落实至企业收购、销售、储存和加工等各个环节中。这样一来,各业务环节就会承担一定的经济指标和经营目标任务,从而保证财务计划的各项经济指标都真正落到实处。企业可以根据业务部门实际完成的业绩和财务预算指标进行比较。这样的话,企业效益的完成情况一目了然。

企业合理科学地制订财务计划,后续工作人员实施起来才会一帆风顺。相应地，企业员工对财务计划的实施又为未来财务计划的制订奠定了坚实的基础，让财务人员根据有力的数据作出正确的判断。企业财务计划的制订和实施有益于未来企业的经营，有益于企业的良好发展。

6.4 企业盈亏分析

企业的盈亏分析是指创业者根据本企业创业项目的销售量、创业成本和获得的利润三者相互依赖的关系进行分析,以达到企业的盈亏平衡,同时对企业盈利情况的变化进行分析。一些创业企业在创业初期之所以会失败,很大一部分的原因就是因为创业企业将大部分资金都投入到购买固定资产活动中,从而造成了企业收支的不平衡。

一个成功的企业,在创业的道路上应该进行盈亏平衡分析,让企业在短时间内尽快盈利,让企业正常运转起来。在盈亏分析中,企业的总成本按照性质进行划分,可分为以下两种(图6-10)。

图 6-10 企业的总成本

固定成本是指不随销售量变化的那部分成本，如办公费、折旧费等。变动成本量指随销售量变化的那部分成本，如燃料、原材料等。盈亏分析除了与固定成本和变动成本有关系之外，还与销售量和利润之间有关系。盈亏分析在控制工作中具有以下几个作用（图6-11）。

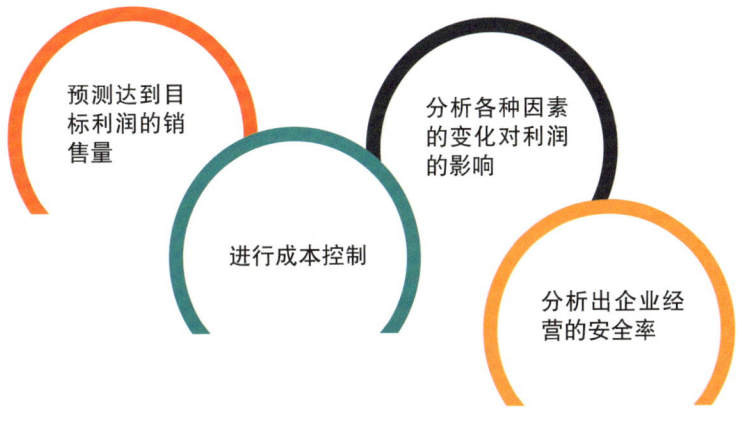

图6-11 盈亏分析的作用

盈亏平衡分析是通过盈亏平衡点分析项目成本和收益平衡关系的一种方法。不确定因素会影响投资方案的经济效果，这些不确定因素包含销售量、成本、产品价格和投资等。当这些不确定因素达到某一临界点，必定会影响到方案的最终结果。盈亏平衡分析的最终目的就是为了找到这一临界点，也就是盈亏平衡点，找出投资方案对那些不确定因素的承受能力。一般情况下，企业收入＝成本＋利润，假如企业没有利润，那么收入＝成本＝固定成本＋变动成本，即：

收入＝销售量 × 价格

变动成本＝单位变动成本 × 销售量

销售量 × 价格＝固定成本＋单位变动成本 × 销售量

由此推出盈亏平衡点＝固定成本/每计量单位的贡献差数。

> 案例

某医疗企业生产医疗设备，企业财务人员在做财务计划时，发现其医疗收入低于盈亏平衡点。投资人看到商业计划书中的盈亏平衡数值后，便舍弃了与这家医疗企业的合作。该企业相关负责人意识到了这个问题，觉得应该在短时间内提高医疗设备的收入水平，让医疗收入数值高于盈亏平衡点，尽快让企业盈利，为以后扩大经营、赢得投资打下坚实的基础。

盈亏平衡点越低，证明项目盈利的机会就越大，出现亏损的概率也就随之而减小，投资人从这个数值也就能看得到创业项目抵抗风险的能力。因为盈亏平衡分析是分析产量、成本和利润之间的关系，所以其也称为量本利分析。盈亏平衡点的表达形式多种多样，可以用单位产品售价、实物产量、年固定成本总量、单位产品可变成本和生产能力表示，也可以用生产能力利用率等相对量表示。产量和生产能力利用率是进行项目不确定性分析最为常见的。根据生产成本、销售成本和销售量之间是否呈线性关系，可将盈亏平衡分析分为以下两种（图6-12）。

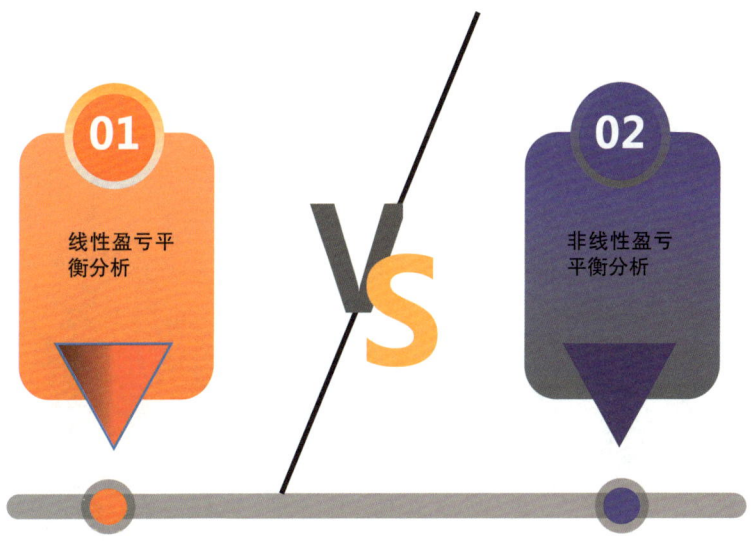

图6-12　盈亏平衡分析的分类

盈亏平衡分析是企业进行预测、决策、计划与控制等经营活动的重要内容，是企业进行这些活动不可缺少的。同样，盈亏企业也是管理会计的一项基础内容。通过商业计划书中的盈亏平衡分析，可以对项目的风险情况以及项目对各种因素不确定性的承受能力很好地做出判断，为投资人最终的决定提供有力的依据。

6.5 投资人收益分析

创业者在制订商业计划书的财务计划时,应该明白一点,就是让投资人看到自己投入资金获得的回报。但创业者也不能单纯地理解为只要让投资人在商业计划书中看到自己的盈利情况就可以。要知道,为投资人提交商业计划书的不仅仅只是你的企业,还有很多企业。这时候,创业者就要让投资人从财务计划中看到有利于投资人的收益,让他们觉得将创业资金投入你的企业是最合算、收益最高的。

企业在财务计划中绘制财务报表是必不可少的,财务报表包括以下几个内容(图6-13)。

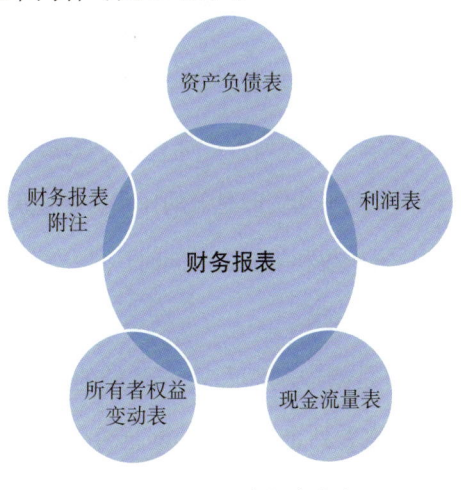

图6-13 财务报表内容

这些内容虽然是必不可少的，不过投资人需要了解到的是清晰明了、一眼便知的内容。有的时候，他们是看不懂里面那些繁琐数字的，因此我们只需要让投资人看到最终企业的盈利情况是怎么样的即可。创业者可通过以下分析来清晰地解答投资人的疑问（图6-14）。

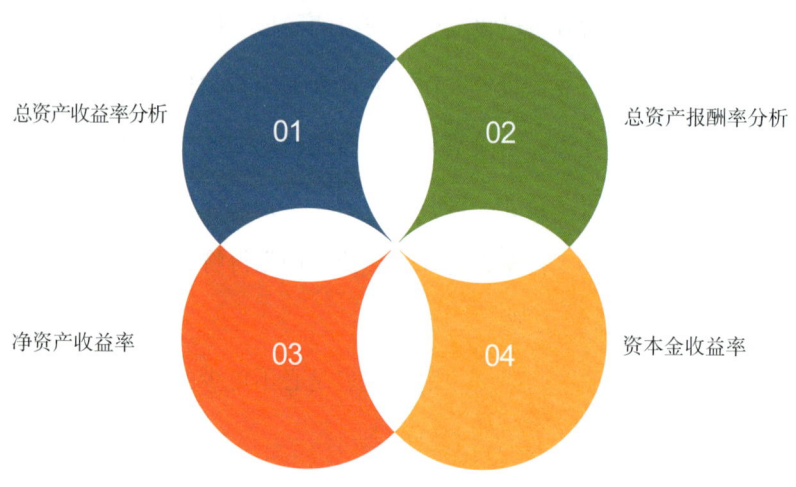

图6-14　财务分析内容

总资产收益率也可以称为资产保存率，是指企业在一段时间内实现收益额和企业平均资产总额的比率。企业进行这项分析可以清晰地看到总资产盈利的能力。同时，进行总资产收益率分析具有如图6-15所示作用。

总资产报酬率是指净利润和资产总额的比率，这个数据可以让投资人清晰地看到企业利润分配是否公平，公平的利润分配可以让投资人放心地将资金投入企业。总资产报酬率分析可以客观地衡量出企业总体资产盈利能力,还可以清晰地体现出企业使用应有资产盈利的能力。

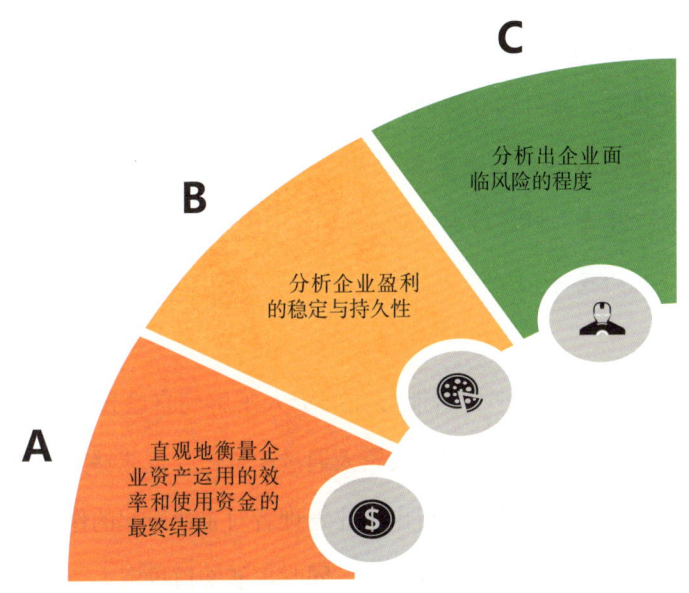

图 6-15　进行总资产收益率分析的作用

> 案例

周某刚开始创业,和他一同创业的还有他的两个好朋友。他们计划通过生产电子产品实现自己的理想。一开始,他们将手中能拿得出来的资金都投入公司,但资金还是不够。于是,他们就通过找投资人来资助自己的公司，让公司尽快运转起来。

通过一段时间的努力，周某终于找到了一家有意向投资的公司。公司相关负责人要求他在短时间内制作出一份商业计划书。当周某将商业计划书交到投资人手中时，投资人却从财务计划的总资产报酬率分析中看出了周某为其他两个股东进行了偏袒，给他们分得的利润要远超于投资人，而且上面投资人最终获得的利益也不与他们即将投入的资金获得的回报成正比。投资人对这份商业计划书非常不满，果断地拒绝了对周某企业的投资。

净资产收益率分析能够让投资人了解到自己投入的资金究竟能够获得多少利润。投资人通过净资产收益能够判断出投资带来的效率，还能分析出企业管理者对企业所起的作用，也就是分析出管理者的管理水平，同时也能知道投资人所获得的投资回报。

资本金收益率，企业资金来源一部分来自于投资人投资资金，一部分来自于企业多年累积资金，还有一部分来自于捐赠资金。投资人在了解自己拥有资产盈利的基础上还需要了解自己原始投入本金盈利的情况。企业资本金收益率越高，就证明投资人注入的资金回报率越高。

企业创业者应该明白，在商业计划书中制定出合理的投资人收益，对企业引进资金是非常重要的。绝大多数投资人都是理性投资人，他们在投资前都会认真分析投资的收益情况。投资人应该根据投资人对风险承受的能力科学合理地进行投资收益分析，以符合投资人的心意。

第 7 章

资本退出：让投资人能够进得来更能出得去

> 风险投资人并不是为了投资而投资，他们关心投资回报，关心投资风险。所以，商业计划书要让投资人看到资本退出的时间、资本退出的情况以及最终以什么样的方式进行资本退出，以保证其利益最大化。

7.1 资本退出的主要内容

创业者制作商业计划书时，要站在投资人的角度，让投资人从商业计划书中得知最后应如何退出。这时，就需要投资人来制定良好的资本退出策略。创业者也应该以正确的态度面对这个问题，保证资本退出是为投资成功而制定的。

资本退出的过程就相当于是一名运动员在赛道上赛跑，从始点出发，就要朝着终点驶进。创业者制订商业计划书也应该像运动员一样，考虑事情要有始有终，做事情要顾全大局。

这时，我们需要先了解一下资本退出的主要内容，一般包含以下三项内容（图7-1）。

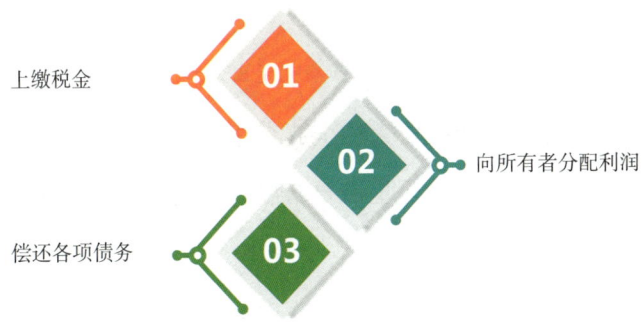

图7-1 资本退出

资本退出指撤出正在投资的项目，也称为资金退出，可以是撤资，也可以是投资人投资者投入的资金在企业不再运转，这部分资金会在特定时间撤出，接下来的时间，投资人也不会再投入资金。一般而言，资金退出包含以下两种内容（图7-2）。

图7-2　资金的退出方式

完全退出是指投资人完全放弃相应权益；部分退出则隐藏着某种战略意图。这里需要指出，工资和奖金并不属于资金退出。

创业者和投资人应该明白，投资退出并不仅限于企业出现亏损时的被迫行为，这一策略应该在投资前就已经拟定好了。一些创业企业在获得投资后,往往会想着以后该如何顺利经营企业,而不去想资本的退出问题。当然,获得投资是创业企业的一个美好的开始,相应地,投资人也要想到最后应该有个完美的结局。

> **案例**

丁某在创业初期,创业项目即将投入市场,但就是因为资金的缺乏而使创业项目无法启动。之前他也找了几家风投公司,希望为他的企业投入资金,最终却都遭到婉拒。后来有一家公司对他企业的项目很感兴趣。他们先让丁某制作了一份商业计划书,他们从商业计划书中得知投资企业可获得巨额回报,同时,他们也认真研究了商业计划书中关于风险分析的部分。庆幸的是,这家风险投资公司也热衷于这样的风险投资,最后,他们还看到了创业企业以5年为风险投资的存续期,看到了可靠的退出机制。于是,风险投资人决定为丁某的创业项目投资100万元。皆大欢喜的是,丁某的公司在短短的时间里就盈利近2亿元。5年后,丁某的公司被其他公司收购,风险投资人撤资。

创业者将投资人投入的资金很好地利用起来,才能做到在关键时刻有力出击。对于投资项目,应该有进有退,这样才能抓住新一轮的投资机会,再次制订新的投资计划。创业者为了能够保证投资人资本的顺利撤出,就应该制定良好的退出策略,以让投资人将资金放心地投入你的企业。

投资人分为以下两种(图7-3)。

图7-3　投资人的分类

一般情况下,普通投资人追求的是长期投资收益,和创业者建立了一种长期的合作关系,通过股利的收益回收投资,是循序渐进的,通常不会一次性撤出资本。而风险投资人关心的是投资和收益。风险投资人面临着巨大的风险,不过也有可能会得到巨额收益。由此,风险投资人并不是为了投资而投资,而是可以通过最终资本退出的方式获得巨额收益,是进行一次性资本撤出。

综上所述,投资人尤其是风险投资人最想要在商业计划书中看到的是投资退出的方式,他们希望自己最终可以在商业计划书中看到便捷的资本退出渠道,由此来补偿他们在风险资本上承担的高风险。这时,创业者为了帮助投资人在资本退出时实现收益变现,让对方重新顺利找到投资对象,就应该制定科学而可靠的投资退出机制,以让其对自己的企业产生信任。

7.2 风险控制和资本退出的理论依据

无论是创业者还是投资人,都明白一个道理,那就是投资有风险。而投资退出是风险投资最为关键的一步。其实,也不仅仅只是资本的退出存在风险,从创业企业的项目运用的那一刻起,当风险资金注入创业企业,风险就无处不在。这时候,就需要创业者在商业计划书中告诉投资人应该如何进行风险控制,然后寻找合适的机会进行资本退出。

在了解风险控制与资本退出之前,创业者应该先认识清楚什么是创业风险。创业风险是指创业过程中存在的风险,其由创业环境的不确定性,创业机会、创业公司的复杂性,创业者、创业团队和风险投资人的能力、实力的高低决定,风险增大时,会而致使创业活动与预期目标背道而驰。创业风险具有如图7-4所示特征。

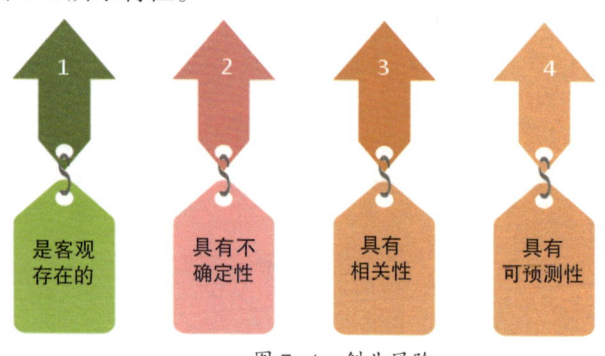

图7-4 创业风险

为进一步了解创业风险，然后进行有效管理，本书将创业风险的内容进行进一步分类，如图 7-5 所示。

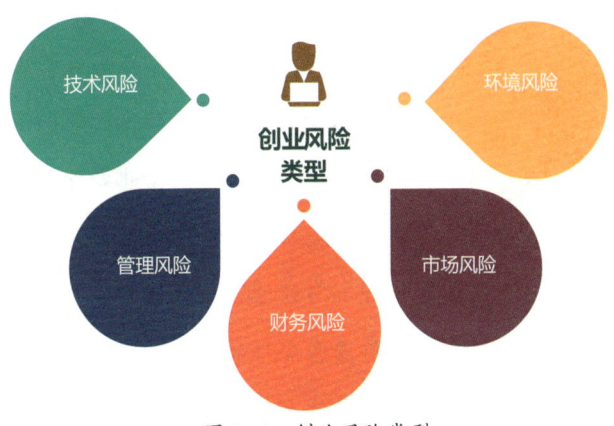

图 7-5　创业风险类型

技术风险是指创业企业因技术方面的因素及变化的不确定性可能会导致创业失败所带来的风险；管理风险是指创业企业因出现的管理不合理而导致创业失败所带来的风险；财务风险是指因资金无法适应需求可能导致创业失败所带来的风险；市场风险是指创业项目投入市场，因市场的不确定性可能会导致创业失败所带来的风险；环境风险是指创业企业当前所处的社会环境、法律环境和政策环境，或者因意外灾害可能导致创业失败所带来的风险。导致创业失败引起的风险还有很多种，需要创业者周全考虑，针对不同的风险给出相应的预防措施，以保证投资人及企业利润的最大化。

> **案例**

某创业企业为防范财务风险制定了一些措施,以达到为企业创造最大利益的目的。该企业的创业者加强自身的风险意识,严格确保财务计划的合理合法。在此基础上还提高了本企业的财务实力,以加强企业的抗风险能力。除此之外,企业创始人还加强了财务风险管理,建立财务评价体系,运用有效措施对存在的财务风险进行控制与处理。该企业创始人还建立了科学的财务预测机制,提前周密安排的融资计划。企业创始人除了对财务风险采取了有效措施之外,还加强了技术风险和市场风险等防范措施,以使自己和投资人盈利。

从理论上分析,风险投资的最佳退出时间是企业的利益达到最大化阶段,但在实际中,资金退出却受到了市场等方面的影响,因此在资金退出方面存在一定的差异。接下来,我们从以下三个方面来进行分析,以确定资金退出的最佳时机,如图7-6所示。

图7-6 创业企业决定资本退出需要考虑的要素

一般情况下，创业者都认为，风险投资应该在被投资企业的成熟期退出。但如果企业存在技术风险或市场风险时，就应该考虑尽早退出；如果创业项目发展到成长期以后，又即将面临与竞争对手间的激烈竞争，那么在竞争对手的产品进入市场之前，创业企业就要考虑是否应该提前退出，以保障获得高利润。当创业企业在财务上存在很严重的问题，比如说在计算股权持有价值小于零时，就应该立即退出。

资本退出的时机要与退出的方式相一致，这样才能达到良好的效果。资本退出的时机选择还受企业经营状况、预期收入和所处金融环境等多方面的影响，因此，资本退出时要从实际出发，选择最佳时机退出。

7.3 资本退出的方式

一般情况下,投资公司或投资人为创业公司投资,是一种高风险、高利润、高回报的投资方式,我们将此统称为风险投资。作为风险投资人,他们进行投资并非是为了获取股息或者长期持有所投资公司的股份,而是希望最终能通过资本退出方式获得高额回报。

图 7-7 资本退出方式

这时候，风险投资人就需要创业公司在商业计划书中制定出资本退出的预期方式，用以估测资本退出时创业企业为自己带来的丰厚利润。当前，资本退出有如图 7-7 所示 4 种方式。

企业公开上市是资本退出的最完美的方式。公开上市既能够保持创业公司的独立性，又可以获得证券市场持续融资的有利条件。一个企业，首次公开上市退出时通过挂牌上市的方式让风险投资人进行资本退出。而创业公司上市时机的选择和创业公司的生命周期有密切的联系。对于高科技公司，其成长周期可分为以下四个阶段，如图 7-8 所示。

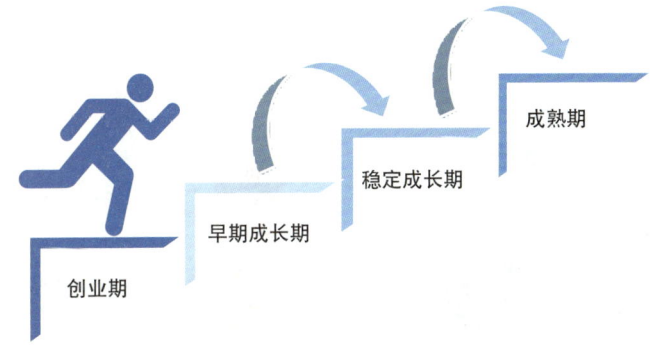

图 7-8　高科技公司成长周期的四个阶段

一般情况下，创业公司上市的最佳时机是在稳定成长期，在此之前，公司还是需要投资人给予资金上的支持。如果创业公司在这段时间里的现金流量为负数，那么，投资人就不愿意再将资金投入。还有就是当企业进入成熟期，增值的潜力并不大时，这个时候，公司上市也就毫无意义了。

> 案例

某企业成立于2016年，当时获得了一家投资公司的青睐。经过不到3年的发展，这家创业企业的股票公开发行上市。证券界权威人士进行了这样的预测，企业的每只股可以卖到很高的价格，到开盘时，每只股是当时权威人士预测值的5倍。

这家创业企业原本是一个小企业，一夜之间一鸣惊人，企业的市场价值暴升，成为当地创业企业学习的榜样。当然，这也是令人惊诧的一件奇闻，企业创业人让自己和资本退出的投资人一夜暴富，让所有人都觉得付出是值得的。

图7-9 公开上市的优势

公开上市具有如图7-9所示几种优势。

股权回购是指创业公司的管理层通过购回风险投资人手中的股份，致使资本退出，最终由风险投资人选择是否卖出手中的股票。风险投资人签订协议时，创业者应该给予风险投资人应有的选择权，可以在未来的某一个时间里让创业者按照之前商议好的形式和股票价格购买风险投资人手中的股票；创业者选择是否要买入风险投资人手中的股票，让创业者在未来的某一时间里以相似的形式和股票价格购买风险投资人手中的股票。

兼并与收购指创业公司被一家实力较强的公司兼并或收购，致使风险资本退出。公司上市需要一个过程，如果创业

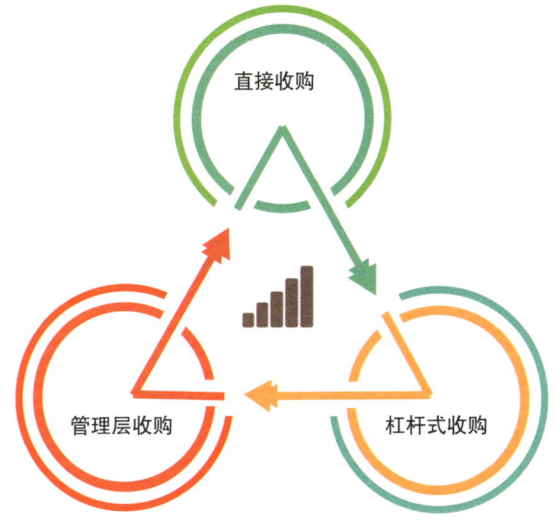

图7-10　兼并与收购

企业在短期内未能达到首次上市的标准，就需要采用这种退出方式以让投资人寻求下一轮的投资。一般情况下，兼并与收购具有如图7-10所示三种方式。

众所周知，兼并与收购的这种方式的资金退出比不上首次公开上市的收益，但能够于短时间内让风险投资人的资金在合适的时间从创业公司退出。因此，兼并与收购是资本退出重要的一种方式。

破产清算是风险投资人最不愿意面临的一种资金退出方式。风险投资面临的风险高，对应地，失败的概率也十分高。如果创业公司面临经营失败，就不得不选择这种资金退出的方式。破产清算，顾名思义，必定会有资金的损失，但即便如此，也能让风险投资人的资金及时退出，以对下一个创业公司进行投入。

7.4 资本退出需要注意的问题

创业者了解了资本退出，接下来还要了解资本退出需要注意的问题。创业者应该让投资人在商业计划书中了解清楚如何去界定资本退出，同时还要让他们了解该如何去面对投资风险形式、风险大小等问题。

资本投资退出的基本要素包含以下几种（图 7-11）。

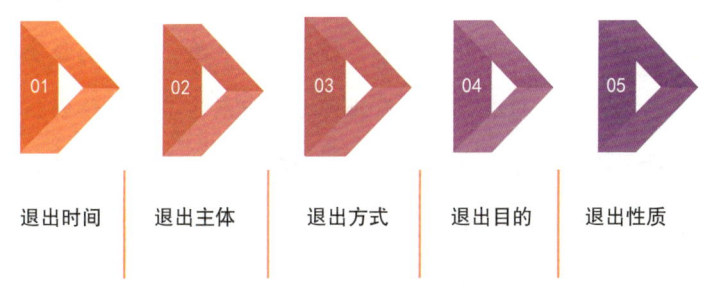

图 7-11 资本投资退出的基本要素

首先，创业者应该让投资人明白，创业公司即将面临什么样的基本风险，指出什么类型的风险会影响公司的生存和发展；然后，创业者还应该在商业计划书中提出公司正面临哪些风险，指出正面临的风险相关的防范措施；最为关键的是，创业者应该指出市场和技术方面面临的最大风险，同时也应该指出应该采取的应对措施；创业者还应该指出的是创业公司在未来有哪几种退出方式，首先应该以哪种方式退出；如果创业公司计划在未来几年内上市，那么就应该选取公司上市作为首要退出方式。这时候，创业者应考虑是否在商业计划书中指出公司上市的运营计划。

> 案例

某创业公司在为投资人提供的商业计划书中指出了市场风险。他们指出，产品采用了最新的技术，但却对市场是否能够适应具有不确定性。如果市场存在巨大风险，那么就会导致新技术、新产品的商业化、产业化过程中断，甚至导致创业失败。对应地，创业者也提出了相应的防范措施。创业者在商业计划书中要加强产品销售，并建立一套完善的市场信息反馈体系，提高客户的信任程度，以达到企业盈利的最大化。除此之外，创业者还指出其他的营销策略，以顺应市场的发展需求，解决相应的问题。

创业者还在商业计划书中提出，在未来3到5年内要让公司首次公开上市，让投资人顺利进行资本退出，以获得最大的利润。

除此之外，创业者还应该告诉投资人资本退出的意义所在（图7-12），以消除投资人在这方面的诸多顾虑。

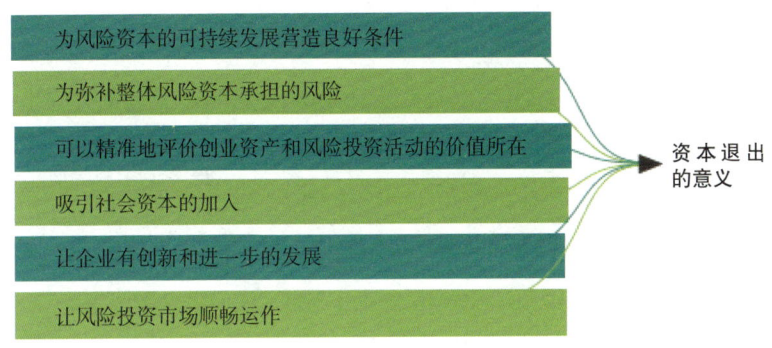

图 7-12　资本退出的意义

资本退出有4种方式，创业者应该让投资人明白，资本退出的方式各有利弊，公司上市是投资回报率最高的方式，兼并与收购是资金回收最快的一种方法，股份回购是保障资金最稳的一种方式，而破产清算则是防止公司扩大损失的一种有效手段。为此，投资人在选择的时候要根据市场环境和自身的风险偏好进行选择。

资本退出的准确界定，可以从退出的时间、方式、主体、性质和目的等方面来把握。除此之外，创业者还应该让投资人明白资本退出中存在的其他问题,并对其实行完善的机制,以制定出合理的资本退出制度。

第 8 章

市场分析：与投资人形成共鸣

> 投资人可以通过商业计划书中的市场分析，清晰地认识到产品的市场前景，判断出企业实施相应的战略能否满足实质性的市场需求。所以，市场分析在某种程度上告诉投资人，为什么赚钱的是我们。把这一点写好，就很容易引起投资人的共鸣。

8.1 市场分析的主要内容

市场分析是对市场供需变化的各种因素及趋势和动态的分析。创业者在进行市场分析时需要收集相关的资料与数据，运用正确的方式分析研究市场的变化规律，了解消费者对创业项目的需求，对应地企业也应该及时采纳消费者的意见，认清市场对产品的需求量，认清产品的销售趋势，认清产品在市场中的竞争情况，等等。

市场分析是创业公司对外部环境的研究，如果创业者不在商业计划书中重视这方面的内容，就会让商业计划书与实际计划背道而驰。创业者只有在商业计划书中对市场进行合理的分析，才能让企业从根本上立于不败之地。市场分析主要介绍公司产品和服务的市场情况，包含以下几方面的内容（图8-1）。

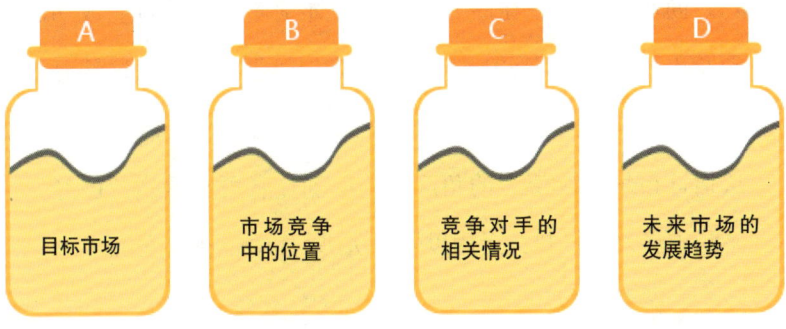

图8-1　市场分析内容

除此之外，还需要对市场的其他方面进行分析。创业者想要界定这方面的内容，就需要对创业公司当前所处的行业、环境、市场，以及当前和潜在消费者，还有竞争对手等进行分析。创业者要想让投资人详细了解市场分析的真正含义，那么就应该在商业计划书编制之前，掌握以下几点内容（图8-2）。

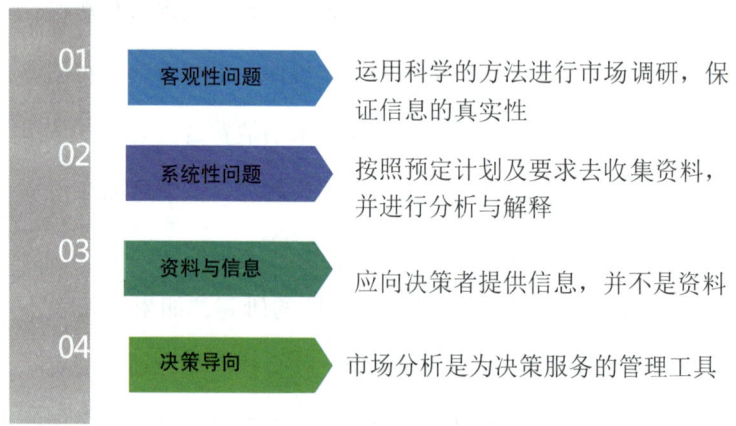

图8-2 市场分析注意事项

创业者还应该在商业计划书中详细阐述所处行业成功因素及市场需求的细分与定位等内容。创业者在撰写这部分内容时，要以已被证实的数据为分析基础，以增大投资人的信任。从估计市场销售潜力的角度来说，创业者可根据当前已经具备的市场调查资料，运用以下方法进行市场分析（图8-3）。

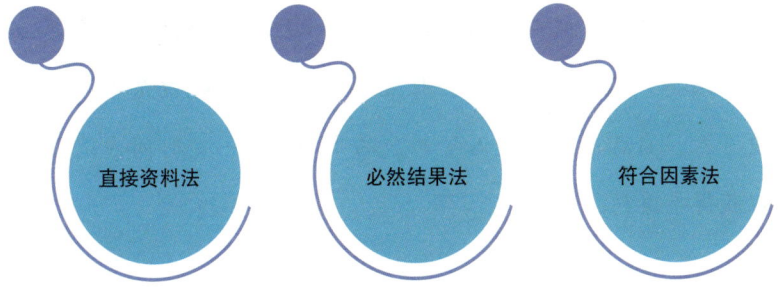

图 8-3　市场分析方法

直接资料法是运用当前已有的企业销售统计资料和同行业销售统计资料相比较，或者直接采用行业地区市场的销售统计资料和整个社会地区市场销售统计资料相比较。通过分析市场占有率的变化来寻找目标市场。必然结果法是指商品消费上的连带主副等因果关系，用一种商品的销售量，或者保有量来分析另一种商品市场的需求量。符合因素法指选一组有关联的市场影响因素，通过综合分析来测定相关商品的潜在销售量。

> 案例

某企业在为投资人提交商业计划书之前进行了市场分析。他们对市场的人口进行了统计，统计资料包括对人口年龄、收入和受教育程度的统计，同时，企业相关人士还对市场人口的心理特征进行统计,并进行了分析。当企业了解了市场大部分人口的特征、兴趣和消费习惯之后,他们就会根据消费者的需求将产品投入市场。企业做到了这一点,也就是告诉了投资人,自己的产品进入了对应的市场,在一定时间内是可以获得丰厚利润的。

市场分析的方法多种多样,创业者对市场进行系统分析和研究时,首先应该对复杂的市场问题进行阐述,并对其基础理论、微观市场和宏观市场进行详细分析,然后对市场上多种多样的类型进行详尽说明。这样,投资人才能对市场的实际状况,以及创业项目在市场上的运行情况有深入的了解。

创业者在商业计划书中进行市场分析具有以下作用(图8-4)。

| 是企业正确制定营销战略的基础 | 是实施营销战略计划的有力保障 |

图8-4 行业成功的直接因素

市场分析能够帮助企业解决重大的经营决策相关的问题。

通过市场分析，可以让创业者和投资人更好地认识市场的商品供应和需求。相关企业可以通过科学的经营战略去满足市场的需求，最终提高企业经营活动的经济效益，让创业者和投资人共同盈利。

8.2 所处行业的成功因素

行业关键的成功因素是指能够影响行业参与者在市场上成功的因素。行业可以界定公司的同类企业,同时也可以界定竞争对手。创业者在商业计划书中除了要对市场进行分析外,还要对行业进行分析,确定其成功的关键性因素。

我们平时讲到的服装行业、饮食行业、移动互联网行业等都需要进行行业分析。创业者进行行业分析,可以为投资人介绍企业所归属产业领域的基本情况,同时还能让投资人了解创业企业在整个产业中的地位。

行业成功的关键因素是指可以影响行业参与者是否可以在市场上成功的因素。其中与公司盈利能力直接相关的因素如图8-5所示。

而影响到行业成

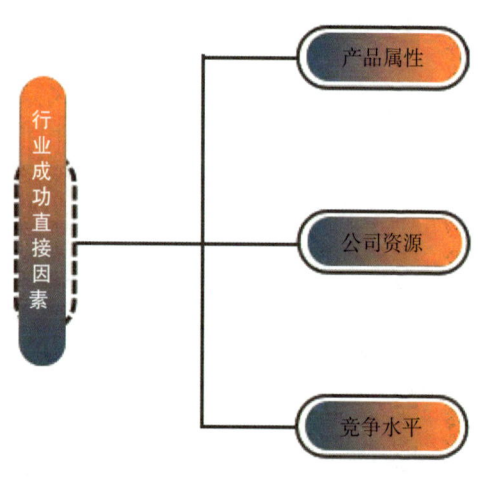

图8-5 行业成功直接因素

功的关键性因素则有以下几种（图 8-6）。

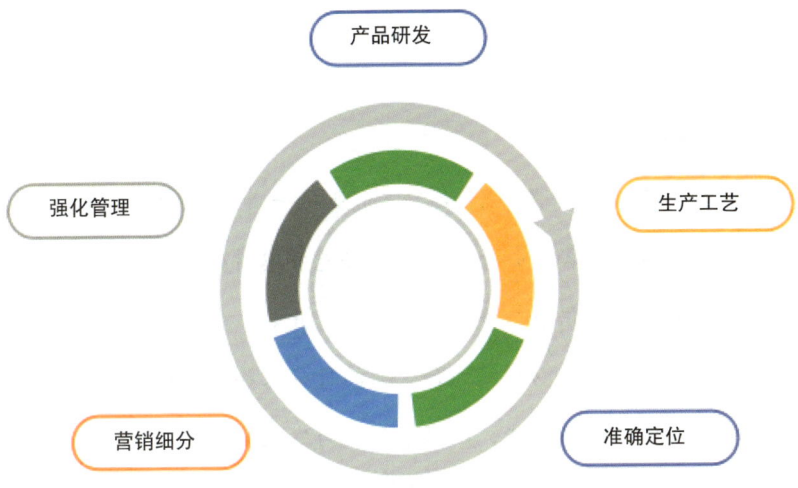

图 8-6　影响行业成功的关键性因素

产品研发，创业者以市场为导向，研发产品要符合消费者需求；生产工艺，创业者时刻保证先进的生产工艺，生产出值得消费者信赖的产品；准确定位，创业者应该找准产品，对应市场，选好行业，也就是对产品、市场、企业行业、发展战略进行精准定位，认清市场目标，找到适合自己企业的市场与消费者，为创业项目未来的发展奠定坚实的基础；营销细分，营销是创业企业从战略到战术的一个精准的规划，创业企业通过做好营销的每个细节，以确保在短时间内让创业项目变现；强化管理，企业内部管理的好坏直接影响到企业营销的成败，这时候，企业管理应该以市场为导向，进一步加强企业内部管理。

> 案例

某一企业属于装修行业，该企业从一开始就为企业找准了定位，为每位客户服务之前，都要先考虑材料的质量问题，为每位装修者提供最舒适的居住环境。开始，企业对自己所处的行业进行分析，以确定适合企业的目标人群，然后确定企业应该采用什么样的方法，以谋求生存与发展。

紧接着，企业又根据市场需求制定了合理的价格，提供消费者喜欢的服务方式。慢慢地，企业的信誉度越来越高，企业的设计理念也渐渐深入消费者的内心，获得消费者的认可。经过两年的发展，企业扩大了规模，继续为消费者提供装修方面的服务。

除此之外，行业成功的关键性因素还包含固定资产的利用率、礼貌服务于客户、质量控制，等等。

综上所述，将行业的关键成功因素进行总体概括如下（图8-7）。

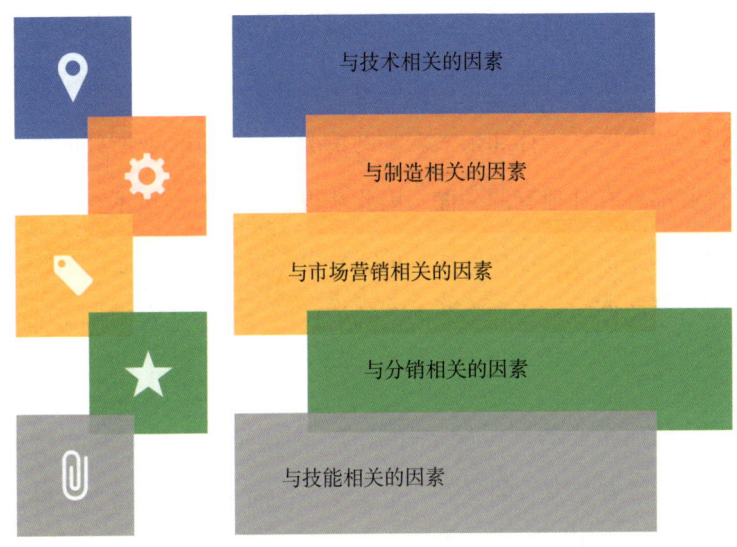

图 8-7 行业的关键成功因素

创业企业行业成功的关键因素主要可以解决以下问题（图 8-8）：

01 确定消费者在各竞争品牌之间最终的决定权

02 竞争厂商获取资源，取得竞争权利

03 竞争厂商取得持续竞争优势所采取的措施

图 8-8 行业的关键成功因素解决的问题

对于行业成功的关键因素,投资人所愿意了解的是创业企业所处行业的特点,当他们获得相关知识,就可以分析出创业企业的发展、生存和未来获利的情况。当然,企业所处的每个行业都具有其独有的一面,因此获得成功的机会也不相同。但无论企业奋斗的过程如何,最终获得成功都离不开创业项目顺应市场的发展规律和企业内部的管理效率,这些对于行业取得成功是必不可少的。

任何企业的资源都是有限的,而每个企业处于某一行业时,都具有其独有的优势,企业要想在同一行业中鹤立鸡群,就应该采用比竞争对手更好的方式,前提是符合企业本身发展需求。因此,创业者在选择行业的关键成功因素进行分析时,一定要谨慎,这对于企业获得最终成功是非常重要的。

8.3 市场需求的细分与定位

为适应市场需求,创业者须进行市场细分与定位。市场细分指根据消费者的需求、购买产品态度及购买能力的差异性,将整个市场划分为不同的消费者群,达到适合子市场以满足各子市场消费人群需求的目的。而市场定位,需要创业者在未来的一段时间里在目标市场找准自己的位置。

每个消费者群体都是一个细分市场,每个细分市场都由相同需求的消费者组成。创业者在进行市场营销决策时,首先应该做的就是进行市场细分。一般情况下,创业者可以根据消费者偏好的同质性将市场分为以下三种(图8-9)。

图8-9 根据消费者偏好的市场划分

市场细分的基础以消费者对产品需求的差异为主，但这些差异是难以直接度量的，因此，创业者应该采用比较容易度量和与需求密切相关的变量来进行划分。这些变量包含地理环境因素、消费行为因素、消费者心理因素等。市场细分的方式多种多样，但并不是所有的细分都是有效的。这时候，需要创业者采用符合有效的市场细分条件来完成这项工作。有效的市场细分必须具备以下条件（图8-10）。

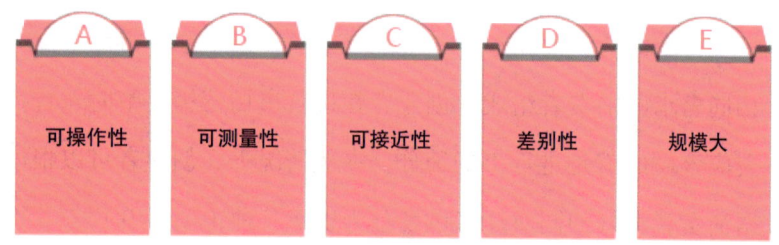

图8-10　市场细分所具备的条件

一般情况下，创业者按照以下流程进行市场细分，如图8-11所示。

市场细分能够促进企业进一步了解市场，同时还可以为企业产品与服务定位提供一定的分析基础。市场细分有利于企业合理地选择目标市场，并制订市场营销方案，市场细分还可以促进企业创业项目在市场的进一步发展，同时市场细分还有利于企业集中人、财、物，以投入目标市场。

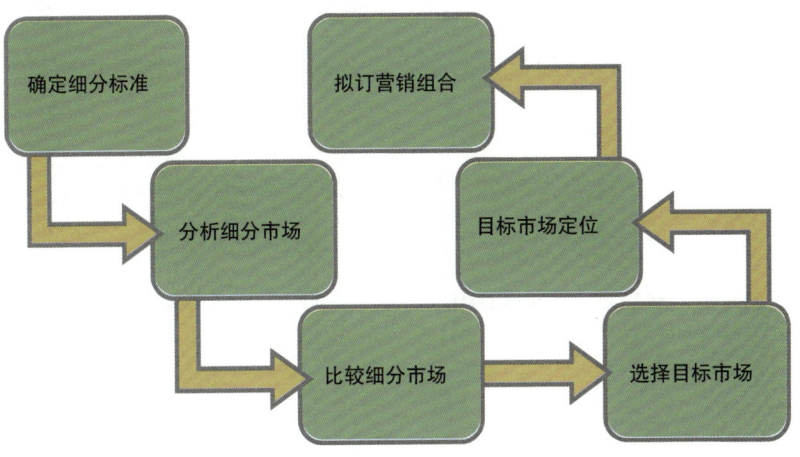

图 8-11　市场细分流程

> 案例

某出版社根据消费者对不同书籍的需求差异（这些差异包括有医学、教育、法律、历史、农业、文化、美食等），为各类型的书籍编辑了书名，以满足不同的细分市场。书籍进入市场，一路畅销，受到了读者的欢迎。

创业企业决定了需要进入的细分市场，下一步就需要进行定位，以确定企业在消费者心目中占有的位置。

产品定位是消费者对产品的认知、印象和好感的心理评估。消费者会在心中给产品定一个分值,以确定自己是否要购买产品。创业者应该在目标市场中对产品进行策划,以获得最大竞争优势的定位。创业者必须制订合理有效的方案,以达到这一定位。

创业企业处于细分市场,面对细分市场的消费者需求,应该确定自己的思路,做好定位。创业者应该制定有效的市场营销策略,对目标市场进行有效的沟通,并传达定位(图8-12)。

图8-12 如何对目标市场进行定位

创业企业想要优先占领目标市场,就要在短时间内比竞争对手优先一步了解市场消费者需求,让消费者了解并信赖企业创业项目。创业企业可以通过产品存在的差异突出产品的性能、设计等,以获得市场核心竞争优势。创业企业在偶然间会发现市场存在着竞争优势的差异点,此时可以获得市场竞争的优势,但并不是所有的差异点都具有定位的价值，而且差异点的选择与获取也并非易事，需要花费时间与精力进行研究与决策。企业品牌和产品的整体定位是指这一品牌和产品包含有差异化和定位呈现出的利益，也被称为是价值主张。对于初创企业而言，必须要对产品进行有效的整体定位，以找到目标客户，知道自己的价值所在，最终促进客户购买产品。

企业确定了定位，还应该采取有效措施向目标客户传递和沟通已经确立了的定位。创业者确定了具体的定位战略之后，接下来需要花费时间来实施，以达到维持定位的目的。

8.4 市场竞争现状分析

当今企业在市场中激烈竞争,尤其是同一行业的企业。企业在这场追逐赛中获得胜利,就能成为市场上的赢家,如果失败,就会面临淘汰。投资人让创业企业提供商业计划书,也就是想要从中看出企业在市场上的竞争现状,以此发现企业在市场的竞争优势,以达到共同盈利的目的。

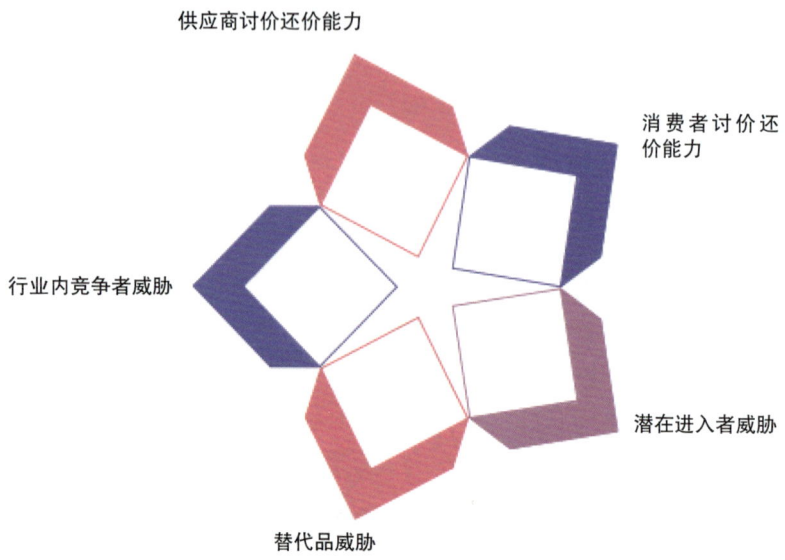

图 8-13　五种基本竞争作用力

创业者对产业结构的认识和理解是形成企业竞争战略的基础。一个产业内部的竞争状况由五种基本竞争作用力决定，如图 8-13 所示。

这五种竞争因素结合起来统称为波特五力模型。这些因素汇集在一起可以直接影响产业的竞争强度和产业利润率。这种模型可以很好地分析出公司竞争环境，进而让企业经营者制定出合理的企业竞争战略。

除此之外，创业者还应该对本企业和竞争对手进行比较，最好的方式是以图表的形式，和竞争对手进行文字或数据上的比较，以让投资人清晰明了、直观地对创业企业和其竞争对手进行分析。创业者可以制定一份竞争对比分析表，对下面这些内容进行对比（图 8-14）。

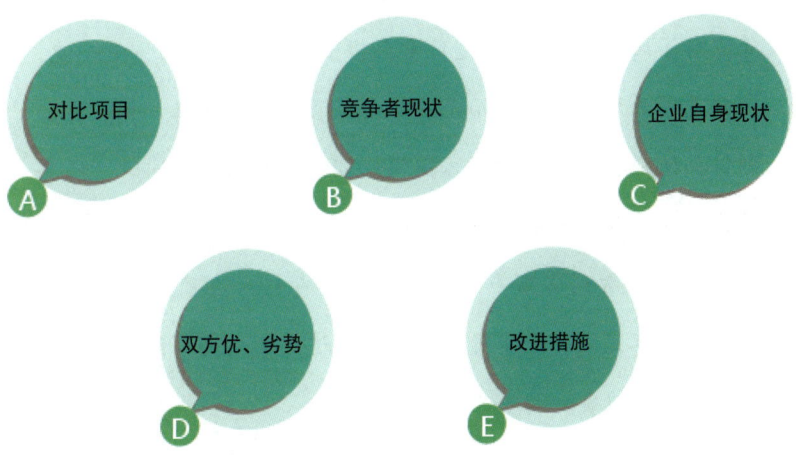

图 8-14　竞争对比内容

图中要为投资人展现企业和竞争对手的产品性能和数据，并进行比较。这样，风险投资人就能直观地看到企业产品和竞争对手之间的差异，以及企业在竞争中存在的优势。如果企业在某一方面存在劣势，创业者可以大胆地提出来，并制订相应的行动超越计划，让投资人看到企业的发展前景。

案例

深圳有两家手工绣品店，他们都生产中装和旗袍。其中的一家店要进行店铺的翻新、装修，但却因为缺乏资金而找投资人。经过一段时间的寻找，这家店终于找到了一家投资企业，并向投资企业提交了一份商业计划书。

这家手工绣品店在商业计划书中对竞争对手进行了分析，并进行了比较。绣品店相关负责人指出了店里绣品的质量一流，但就是因为资金的缺乏而无法扩大经营。他们保证，如果资金到位，他们一定会为老顾客提供他们满意的绣品，同时，还要寻找新的顾客，开拓市场，获得更高的利润。

投资人看到这家手工绣品店相关责任人在商业计划书中做出的保证完全符合市场的需求，经过企业内部商议，他们决定为这家店投资。

任何一个创业者，在与同行业竞争的过程中，都会尽自己最大的能力去获得在市场上的竞争优势，最终赢得市场地位和市场份额。对于市场中不同的行业，有的创业者竞争的核心是价格，有的创业者竞争的核心是产品与服务的独特性，有的则是质量，等等。同一行业的企业之间的竞争的激烈程度不同，这取决于多种的因素。

　　创业者在商业计划书中应分析市场竞争的现状，并制定出相应的战略，由表及里分析竞争压力来自于哪里，该如何应对，这样的内容可以给投资人交出一份满意的答卷。

8.5 经典市场分析法

创业企业该怎么去选择好目标市场,这是获得成功的首要条件。众所周知,运用正确的方法选择目标市场并不是件容易的事。需要创业者做好市场调研,运用经典市场分析法进行市场分析。

市场分析包含有四个方面的内容(图 8-15)。

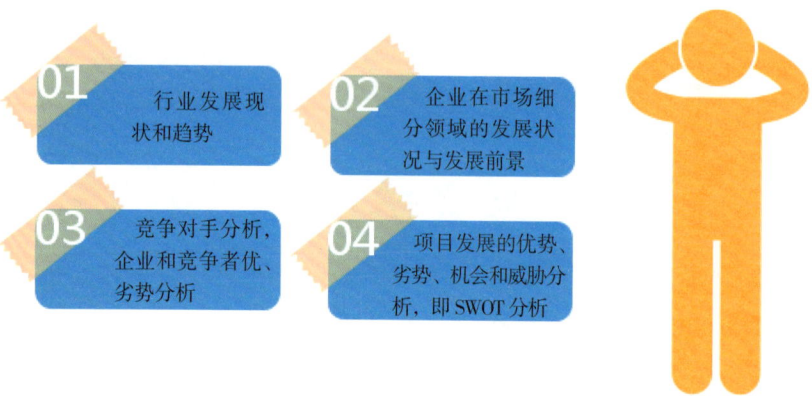

图 8-15　市场分析包含的内容

创业企业想要做好市场分析,有两种经典的分析方法,如图 8-16 所示。

图 8-16 经典的市场分析方法

SWOT 分析法是企业进行战略规划和获取竞争信息的经典分析工具。这种分析法集合企业分析、环境分析和组合分析的结果，按照矩阵形式排列，运用系统分析的思想，将各种因素进行匹配再分析，从中得出相应结论。创业者根据得出的结论来确定企业的战略定位。其中，优势和劣势主要分析企业的内部原因，机会和威胁则针对企业的外部环境（图 8-17）。

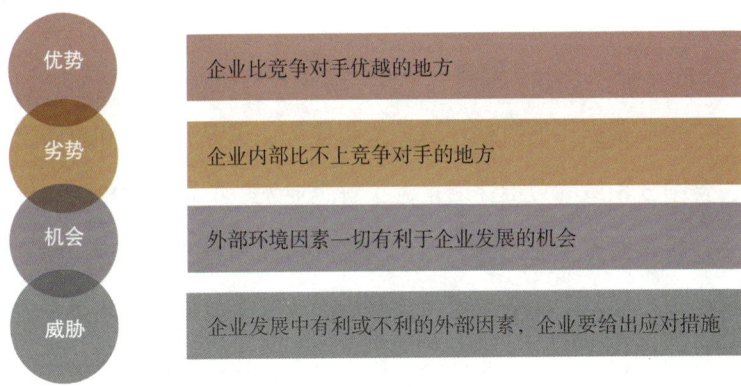

图 8-17 SWOT 分析法

运用SWOT分析法，可以让企业资源和环境之间达到最佳匹配状态，这样，企业就可以进行可持续竞争的优势发展。企业要想达到这一目的，首先应该建立企业优势，然后要尽量减少劣势或避免劣势的策略，在此基础上要开发机会，充分发挥企业自身优势，减少对抗和威胁。企业进行SWOT分析法的流程如图8-18所示。

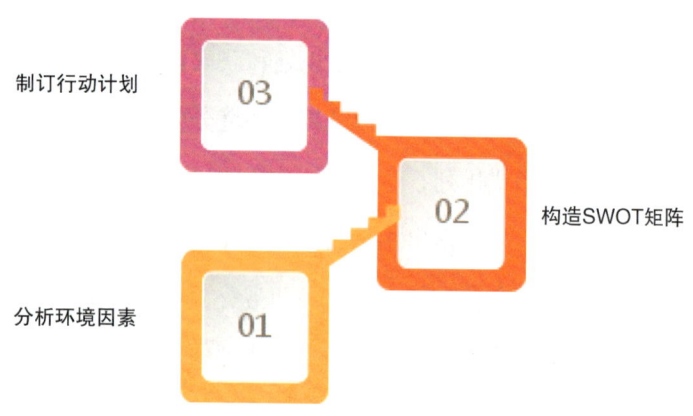

图8-18　SWOT分析法的流程

企业根据当前所处环境，找出优势、劣势、机会和威胁，包含细分领域的关键性因素，了解企业发展所带来的机遇和挑战；接着根据企业的四大因素的实际情况和企业的影响程度进行排列，按照主次依次排列；最后，根据企业自身实际情况实施行动计划，发挥企业优势，找出企业存在的不足之处，并加以纠正。同时，计划的实施要从大局出发，进行周密的部署，并总结经验，谋划未来。

> 案例

一家企业生产机器零配件，开始时，企业具有充足的资金，但和其他竞争对手相比较缺乏关键的技术，所以，他们制作出来的产品质量也相对较差一些。为了提高技术，企业专门聘请了精通零配件制作的培训师，培训师对企业员工进行了系统培训。企业员工经过两个月的培训，在制作零配件上有了很多的改善，企业此时拥有了较强的技术力量。从此以后，这家企业的零配件质量一流，客户也对这家企业给予了高度的评价。之后一年，企业获得了高额利润。

PEST分析法是指企业所处宏观环境的分析模型，PEST是指对政治、经济、社会、技术这四个维度的分析（图8-19）。

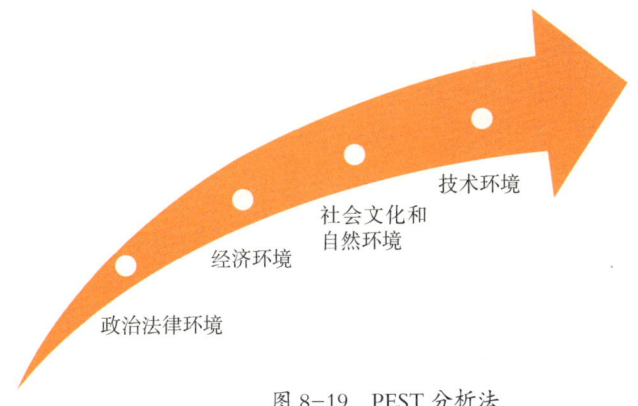

图8-19　PEST分析法

政治法律环境，创业企业要考虑企业发展战略和政治因素、法律环境因素的协调性；经济环境，要考虑宏观经济环境和微观经济环境；社会文化和自然环境，考虑与之相关的因素，就可以综合考量出产品的市场出路；技术环境，对技术环境进行认真的考量，可以保证产品的质量以及企业未来发展的方向，为企业进一步开拓市场创造条件。